언어문화·미디어계열

진로
로드맵

VR을 활용한 1인 방송제작자
언어문화·미디어계열 진로 로드맵

펴낸날 2020년 6월 10일 1판 1쇄
2020년 8월 10일 1판 2쇄

지은이 최인선·김종찬·이희성·조현정
펴낸이 김영선
기획 이영진
교정·교열 이교숙
경영지원 최은정
디자인 박유진·현애정
마케팅 신용천

펴낸곳 (주)다빈치하우스-미디어숲
주소 경기도 고양시 일산서구 고양대로632번길 60, 207호
전화 (02) 323-7234
팩스 (02) 323-0253
홈페이지 www.mfbook.co.kr
이메일 dhhard@naver.com (원고투고)
출판등록번호 제 2-2767호

값 16,800원
ISBN 979-11-5874-073-3 (43370)

이 도서의 국립중앙도서관 출판예정도서목록(CIP)은 서지정보유통지원시스템 홈페이지(http ://seoji.nl.go.kr)와 국가자료공동목
록시스템(http ://www.nl.go.kr/kolisnet)에서 이용하실 수 있습니다.(CIP제어번호 : CIP2020017752)

VR을 활용한 1인 방송제작자

언어문화·미디어계열

진로 로드맵

최인선·김종찬·이희성·조현정 지음

미디어숲

추천사

    계열별 진로 로드맵 시리즈 집필진의 학구열은 상상을 초월한다. 이들의 실험정신이 진로진학상담에 강력한 도구 하나를 선물할 것으로 확신한다. 다음에 나올 책들이 더욱 기대되는 이유이기도 하다.

조훈, 서정대학교 교수

    4차 산업혁명이 일상이 되어버린 요즘, 좀 더 세밀한 진로 로드맵이 필요한 시기가 되었음을 부인할 수 없다. 이러한 시대의 요구를 적극 수용한 〈진로 로드맵 시리즈〉를 통해 학생뿐만 아니라 학부모, 교사들도 세부적인 진로에 대해 많은 도움을 받을 수 있을 것이다.

김두용, 대구 영남고 교사

    현장에서 많은 학생들을 만나보면 진로를 결정하지 못해 고민하는 친구들이 많다. 특히 진로가 결정되어 있더라도 그 학과에서 어떤 일을 하는지, 미래 비전을 모른 채 꿈을 향해 공부만 하는 친구들을 볼 수 있다. 그런 친구들에게 이 책은 미래 직업에 대한 방향성을 제시하여 현재 위치에서 어떤 활동을 준비해야 하는지 구체적으로 설명해준다. 미래 진로 설계가 필요한 학생들에게 적극 추천한다.

김성태, 연세대학교 인지과학연구소 연구원 / 에이블 에듀케이션 대표

학교 현장에서 학생들과 상담을 하면서 꿈이 없는 아이를 만날 때가 참 많다. 꿈이 없는 아이들은 대개 자존감이 낮고 학습에 대한 의욕이 없어 학교에 다니는 것을 무엇보다 힘들어한다. 요즘 나오는 진로 관련 책들은 종류도 많고 내용도 다양하지만 학생들의 마음에 쏙 들어오는 책을 만나기는 어려운 거 같다. 그래서 이 책의 출판이 참 반갑고 감사하다. 자세한 계열별 특징과 그 분야의 준비를 일목요연하게 딱딱 짚어준다. 이 책을 읽은 학생들이 자신만의 꿈을 키우고 만들어갈 세상이 참으로 궁금하다.

김도영, 경북 봉화중 교사

학생들은 항상 미래에 뭐가 되고 싶은지, 어떤 직업을 가지고 싶은지 고민도 많고 관심도 많다. 하지만 내가 원하는 분야가 구체적으로 어떤 업무를 하고 어떻게 준비를 하면 되는지, 그 직업이 앞으로 비전은 있는지 잘 알 수가 없다. 이 책은 계열별 특성들을 미리 알고 자신의 적성과 하고 싶은 분야에 잘 맞는 과인지, 아직 진로가 결정되어 있지 않은 학생들에게 다양한 경험을 할 수 있는 보물창고 같은 책이 될 것이다.

이교인, 진주 동명중 교사

열심은 미덕이지만 최선은 아니다. 열심히 하지만 좋은 성과를 내지 못하는 학생들이 많은 것을 보면 안타깝다. 먼저 진로의 방향을 정하고 선배들의 로드맵도 참조해 자신만의 길을 정하는 것이 무엇보다 중요하다. 이 책은 진로가 결정된 학생들에게는 어떻게 탐구해야 하는지, 진로가 결정되지 않은 친구들에게는 다양한 진로를 탐색하는 방법을 알려준다. '어떻게'라는 질문에 '답'을 줄 수 있는 지침서가 될 것이다.

김정학, 초중등공신공부법 메타코칭 개발자 / 업코칭에듀케이션즈 대표

학과 탐색과 진로 탐색을 위한 알짜 정보들이 현장 진로진학 컨설턴트의 시각으로 잘 정리되어 있다. 특히 빅데이터 분석을 통해 학문 분야를 핵심 키워드로 소개하여 관련 진로에 대한 전반적인 이해를 제공하고 있다.

안태용, 부산교대 교수

학생들에게 필요한 것은 '꿈을 가지라'는 막연한 조언보다, 눈앞에 있는 목표를 위한 구체적 조언일 수 있다. 이 책은 전공을 정한 학생들이 다음 선택을 위해 망설이는 순간 도움이 되는 '약도'라 할 수 있다. 다만 학생들이 이 약도를 맹신하지 말고, 자신만의 발자취가 담긴 구체적인 지도를 만드는 데 출발의 단서로 활용할 수 있기를 바란다.

임정빈, 진로진학 전문기업 ㈜투모라이즈 대표

청소년들의 진로와 진학에 대해서는 할 말이 많다. 이 책에는 수년간 학생들의 진로, 진학을 지도하며 축적한 생생한 정보와 이야기들이 고스란히 담겨 있다. 계열에 따른 성향을 알아보는 것부터, 실제 선배의 이야기, 학과에서 공부하는 내용, 관련 도서와 동영상 자료까지. 알찬 내용들을 따라가다 보면, 자연스레 자신만의 진로 로드맵을 그리고 있을 것이다.

김은진, 백양초 교사

요즘 아이들은 정말 변화의 속도가 빠른 시대를 살아가고 있다. 직업의 세계도 예외는 아니다. 급변하는 현실 속에서 학생들은 자신이 무엇을 하고 싶은지, 여러 활동을 하면서 내가 잘하고 있는지 고민이 참 많다. 이런 학생들에게 이 책은 자신만의 세상을 향해 나아가게 해주는 지침서가 되어 줄 것이다.

이금하, 부산 개금고 교사

프롤로그

4차 산업혁명 시대, 가장 우리다운 것을 지키는 방법은? 언어문화·미디어계열에 답이 있다!

"우리 민족의 지나간 역사가 빛나지 아니함이 아니나 그것은 아직 서곡이었다. 우리가 주연배우로 세계 역사의 무대에 나서는 것은 오늘 이후다. …무력, 경제력이 아닌 빛나는 문화의 힘으로" – 『백범일지』, 〈나의 소원〉 중에서

4차 산업혁명은 첨단 정보통신기술을 앞세워 사회 전반에 혁신을 일으켰다. 이러한 분위기는 교육계까지 번져 학생들의 진로에 큰 영향을 끼쳤다. 예를 들면, 언어문화·미디어계열로 진로를 희망하는 학생들이 자신의 꿈을 주저하게 된 것이다.

그러나 생각해보면, 인류가 이룩한 문명사회의 근간은 문자를 빼면 설명이 불가능하다. 문자는 힘의 상징이자 독자적인 문화를 이룩하고 전승하는 중심이었다. 문자의 역사에서 대한민국은 세계적으로 가장 우수하고 과학적인 문자를 가지고 있는 민족이다. 과거에는 영어권을 중심으로 문화의 흐름이 만들어졌지만, 이제는 세계가 우리의 언어에 매료되어 배우려고 한다.

그 중심에 K-Culture가 있다. K-POP과 한식으로 대표되던 한류는 이제 우리 문화 전반으로 변화하고 있다. 세계인들은 한글이 아름다운 글자라고 인정하고 우리의 정서가 담긴 작품을 다양한 방식으로 수용하고 있다. 정보기술과 미디어의 발달은 K-Culture 형성에 크게 이바지했다. 언어문화·미디어계열은 우리의 문화적 우수성을 누구나 쉽게 접하고 이해하는 콘텐츠를 만들고 알리는 일에 중요한 역할을 하고 있다. 그렇기 때문에 이 분야에 창의적이고 전문적인 인력의 중요성이 날로 커지고 있다.

언어문화, 미디어는 문화를 선도하며 사람을 한 곳으로 모은다. 이는 언어문화, 미디어가 단순히 학문으로 그치는 게 아니라 인간의 삶에 깊게 스며들어 하나의 행동양식을 만들기 때문이다. 언어는 문화를 만들고, 문화는 미디어를 통해 전파되는 선순환은 국가가 발전하기 위한 필수 능력이다. 세계화로 국제 교류가 활발한 오늘날에 어문계열, 문화·미디어계열의 위상이 높아지는 이유는 바로 이 때문이다.

〈2015 개정 교육과정〉의 주요 골자는 학과전공에 대한 이해 및 적응력을 얼마나 갖추고 있는가에 대한 물음이다. 따라서 학교와 학생은 고교생활 가운데 이러한 특징이 학교생활기록부에 잘 담겨지도록 노력해야 한다.

이 책은 학과에 대한 소개는 물론 합격한 선배들의 학교활동을 살펴봄으로써 전공적합도에 대한 이해를 돕는 데 의미를 두었다. 각 계열의 유망 분야를 소개하고 발전 모델을 구상할 수 있도록 하여 다른 학생과 차별화된 학생이 될 수 있도록 안내한다. 특히 하나의 대표 역량만 잘 키운다면 이를 통해 다른 분야의 역량까지 성장하는 노하우와 사례를 살펴볼 수 있다.

또한 선택한 계열별 역량을 기르고 이를 진로와 진학의 방향성을 제안하고자 계열별 추천도서는 물론 참고사이트와 동영상 자료를 정리했다. 이를 통해 학생들은 풍부한 배경지식과 문제해결능력을 함양할 수 있을 것이다.

이 책은 급속히 다변화하고 다양화하는 직업의 세계에서 대학의 전공과 연계한 계열별 직업과 기술과 정보의 발달에 힘입은 유망한 계열별 진로 로드맵을 다음의 5가지 분야로 나누어 저술되었다.

- 공학계열 진로 로드맵(로봇과 공존하는 기술자)
- 의학·생명계열 진로 로드맵(AI의사와 공존하는 의사, 생명공학자)
- 경영·인문·사회계열 진로 로드맵(빅데이터로 조망하는 경영컨설턴트)
- 언어문화·미디어계열 진로 로드맵(VR을 활용한 1인 방송제작자)
- 교대·사범대 진로 로드맵(AI교사와 함께 교육하는 교사)

위 5가지 계열별 적성 중 자신이 어디에 해당하는지 알아보고, 구체적으로 어떤 준비를 해야 하는지 그 방향성을 제시할 뿐만 아니라, 계열별 적성 실현을 위한 초·중·고 진학 설계방법과 미래 직업을 탐색할 수 있도록 구성했다. 더불어 희망진로에 필요한 역량을 드러내는 창의적 체험활동으로 원하는 대학과 학과에 합격한 선배들의 실전 합격 로드맵을 제시하여 진로설계에 도움을 주고자 집필되었다.

우리 문화를 알리기 위한 꿈을 향해 나아가는 순간순간에 이 책이 지혜로운 조력자가 되어주길 희망한다.

최인선·김종찬·이희성·조현정

차례

PART 1 언어문화 · 미디어계열 학생부 사용설명서

PART 2 언어문화계열 진로 사용설명서

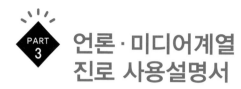

PART 3 언론·미디어계열 진로 사용설명서

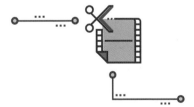

전달자는 하나의 사건에 대해 여러 방향에서 생각할 수 있는 능력을 갖춰야 하고,
정보를 읽는 이가 이해하기 쉽도록 구현할 수 있어야 한다.
그러므로 시시각각 일어나는 사회현상에 대해 "왜?"라는 질문을 할 수 있는
끊임없는 호기심이 있어야 한다.

PART
1

언어문화 · 미디어계열
학생부 사용설명서

내 진로를 위한
고등학생 때부터 준비할 것들

어떤 성향이 언어문화계열에 잘 맞을까?

언어문화계열에서 배우는 과목을 잘 이수하기 위해서는 언어 관련 공부를 좋아하거나 해외 이슈와 정보 자료(논문, 보고서 등)를 읽고 해석할 수 있는 정도의 실력을 갖춘 학생이 적합하다. 특히 배운 지식을 미래의 직업에 활용할 수 있도록 노력하며, 배움에 대한 도전적인 정신과 흥미를 가진 학생이 진학을 고려하면 좋다.

언어는 글로벌한 세상에 사람을 이어주는 역할을 하므로 여러 가지 언어 구사가 가능한 학생이면 앞으로 크게 성공할 수 있다. 언어 관련 학과로 진학하기 위해서는 학교에서 주관하는 독서토론대회, 글쓰기 대회, 스피치 대회, 영어 및 제2외국어 대회에 참가해 볼 것을 추천한다. 또한 언어 관련 동아리에 적극적으로 참여하고 언어에 관련된 문화를 알아보는 모임이나 언어 관련 글쓰기 동아리를 통해 친구들과 스터디 모임을 적극적으로 참여하면 좋다. 더 나아가 모임에서 언어 관련 자격증을 알아보고 공부함으로써 자신의 실력을 평가해보고 한 단계, 한 단계씩 앞으로 나아갈 수 있어야 한다.

어떤 성향이 언론·미디어계열에 잘 맞을까?

매스미디어(Mass-Media)는 특정 지어지지 않은 다수를 대상으로 정보를 전달하는 매체나 수단을 말한다. 정보는 공공재의 성격을 띠어야 하므로 당연히 객관적이어야 한다. 하지만 정보전달자가 누구냐에 따라 우리는 전달자의 주관적 판단이 섞인 정보를 받게 되고, 이로 인해 누구로부터의 정보를 선별적으로 받아들였느냐에 따라 사건에 대한 판단의 기준이 달라진다. 그렇기 때문에 전달자는 하나의 사건에 대해 여러 방향에서 생각할 수 있는 능력을 갖춰야 하고, 정보를 읽는 이가 이해하기 쉽도록 구현할 수 있어야 한다.

그러므로 시시각각 일어나는 사회현상에 대해 "왜?"라는 질문을 할 수 있는 끊임없는 호기심이 있어야 한다. 이뿐만 아니라 사람에 대한 애정을 기반으로 자신이 알고 있는 내용을 다른 사람들과 공유하고자 하는 마음이 있어야 하고, 사회에 대한 폭넓은 시각을 바탕으로 이를 이해하려는 노력이 필요하다.

언론미디어는 의사소통을 기본으로 하는 학문이기 때문에 자신의 생각을 정확히 표현할 수 있는 능력이 필요하다. 그러기 위해서는 고등학교에서 논술과 관련된 국어, 사회, 윤리 등의 과목에서 자신의 생각을 정리할 수 있도록 열심히 공부해야 한다. 또한 실용학문이기 때문에 이슈가 되는 사회현상에 대해 많은 관심이 있어야 한다. 방송미디어를 통해 공급되는 정보를 두루 청취하고 이를 자기화하는 과정을 연습해 나가는 습관 또한 필요하다.

➡ 이런 학생 언어문화, 미디어에 딱!
- 열정적이다.
- 독특하고 창의적이다.
- 사람을 좋아하고, 말하고 듣기 좋아한다.

- 틀에 박힌 생각을 깨고자 하지만, 논리적이기도 하다.
- 새로운 것에 관심이 많다.

출처. 고려대 전공가이드북

선배들의 진로 로드맵을 살펴보자

언어문화계열 진로 로드맵

구 분	초등	중등1	중등2	중등3	고등1	고등2
자율활동	체험학습	교육 관련 기사 읽기 독서 마라톤대회			문화체험 진로탐방 학생회활동	
동아리활동	독서논술 외국어	독서 동아리 언어회화 동아리 언어문화 동아리			토론 동아리 공모전 동아리 언어 자격증 동아리	
봉사활동		독서 도우미 자원 봉사 지역아동센터 봉사 복지관 봉사			독서 도우미 자원 봉사 지역아동센터 언어 봉사	
진로활동	언어 관련 스피치대회	언어 관련 스피치 대회			논술 대회	
	언어 관련 글쓰기대회	언어 관련 탐구대회			한국어 능력시험 토익, 토플, HSK, JPT 자격증	
	언어 관련 토론대회	문학공모전			언어 관련 토론경시대회	
특기활동	영재교육원					

자신이 언어에 관심 있다면 대중 매체를 통해서 회화, 쓰기, 말하기, 듣기를 익힐 수 있는 활동에 적극적으로 참여해야 한다. 고등학교 입학 전, 이미 다른 언어를 습득해 의사소통을 할 수 있는 실력이라면, 외국어 고등학교로 진학을

고려해보는 것 또한 괜찮다.

일반계 고등학교와 달리 외국어 고등학교에서는 언어를 조금 더 적극적으로 접할 수 있기 때문에 진로에 많은 도움이 될 수 있다. 언어는 배워야겠다는 의지보다는 즐기면서 하는 것이 좋다. 또한 언어능력을 중간 중간 확인할수록 자신의 성취 능력을 가늠해볼 수 있어 언어 능력 상승에 도움이 된다. 그래서 언어 관련 자격증을 통해 자신의 실력을 확인해보는 것도 중요하다. 자신이 관심 있어 하는 언어능력검증시험에 대해서 알아보고 자신의 실력을 확인할 방법을 함께 생각해보자.

언론·미디어계열 진로 로드맵

구 분	초등	중등1	중등2	중등3	고등1	고등2
자율활동		교내 다양한 체험학습에 대한 기록과 정리			학교홈페이지 활성화 콘텐츠개발 신문기사 스크랩 및 학급 및 교내게시	
동아리활동		독서동아리 시사토론 및 독서토론			교내방송부 시사토론반 미디어영어 동아리	방송부장, 우리말사랑 동아리 신문제작 동아리
봉사활동		교내 도서관 도우미 사회적약자 돕기 활동			교내행사 방송시스템 설치 및 조향, 안내방송 지역아동센터 국어, 영어 지도	
진로활동		지역신문 청소년기자단 활동			언론미디어계열학과 탐방 지역방송인 인터뷰	
			신문읽기, 뉴스보기		진로독서발표 학교생활 UCC 제작	
		언론미디어 분야 탐방			교내신문제작 교내신문기자단 온라인모임방 개설	

특기활동	우리 문화 역사탐방 및 해설사 과정 참여	개인블로그 활동으로 언론사 간 시사이슈 칼럼을 비교분석

　　교내외 다양한 방면의 활동 참여는 자신의 희망진로에 대한 역량을 보여주기에 매우 좋은 진로 로드맵이다. 활동의 동기와 배운 점 그리고 새롭게 알게 된 점도 중요하다. 그 과정에서 얻은 정보를 어떻게 활용했는지 기재한다면 더 좋다.

　　미디어계열 중에서도 언론과 관련된 분야에 종사하길 원한다면 뛰어난 성적과 사회적 안목도 중요하지만, 상황을 적절하게 표현할 풍부한 어휘력도 뒷받침되어야 한다. 더불어 미디어계열 가운데 콘텐츠 분야는 창의력을 많이 요구하는 분야이다. 그렇기 때문에 비교과 항목인 독서활동을 게을리해서는 안 된다. 그러나 단순히 논지를 정리하는 것은 의미가 없다. 읽은 내용에 대한 자신의 생각을 정리하는 글쓰기가 진로에 도움이 된다.

2015개정 교육과정 언어문화·미디어계열 전공을 위한 과목선택 로드맵

2015개정 교육과정의 도입으로 학생들이 자신의 진로와 희망 학과에 연계하여 자율적으로 과목을 선택하고 이수할 수 있게 되었다. 진학을 희망하는 학과에서 요구하는 교과목의 이수가 전공적합성을 드러내는 요소로 작용할 수 있다.

2015개정 교육과정에 의한 3년간 교육과정

교과영역	교과(군)	공통 과목 (1학년)	선택과목(2~3학년)	
			일반선택	진로선택
기초	국어	국어	화법과 작문, 독서, 언어와 매체, 문학	실용국어, 심화 국어, 고전읽기
	수학	수학	수학I, 수학 II, 미적분, 확률과 통계	실용 수학, 기하, 경제 수학, 수학과제 탐구
	영어	영어	영어 회화, 영어I, 영어 독해와 작문, 영어II	실용 영어, 영어권 문화, 진로 영어, 영미 문학 읽기
	한국사	한국사		
탐구	사회(역사/도덕 포함)	통합사회	한국지리, 세계지리, 세계사, 동아시아사, 경제, 정치와 법, 사회 문화, 생활과 윤리, 윤리와 사상	여행지리, 사회문제 탐구, 고전과 윤리
	과학	통합과학 과학탐구 실험	물리학I, 화학I, 생명과학I, 지구과학I	물리학II, 화학II, 생명과학II, 지구과학II, 과학사, 생활과 과학, 융합과학

체육 예술	체육		체육, 운동과 건강		스포츠 생활, 체육탐구	
	예술		음악, 미술, 연극		음악 연주, 음악 감상과 비평 미술 창작, 미술 감상과 비평	
생활 교양	기술·가정		기술·가정, 정보		농업 생명 과학, 공업 일반, 창의 경영, 해양문화와 기술, 가정학, 지식 재산 일반	
	제2외국어	독일어I 프랑스어I 스페인어I 중국어I	일본어I 러시아어I 아랍어I 베트남어I	독일어II 프랑스어II 스페인어II 중국어II	일본어II 러시아어II 아랍어II 베트남어II	
	한문		한문I		한문I	
	교양		철학, 논리학, 심리학, 교육학, 종교학, 직업과 진로, 보건, 환경, 실용 경제, 논술			

고등학교 학생들이 2, 3학년 때에 선택할 수 있는 과목은 위와 같다. 이 과목들 중 자신의 적성과 진로를 고려하여 선택, 수강해야 한다. 교육계열을 희망하는 학생들을 위해 각 계열들을 고려해 필수 선택과목을 제안한다. 하지만 학교마다 과목 개설 여부는 차이가 있다는 점을 기억해야 한다.

언어문화계열 전공을 위한 3년간 교육과정

중분류	전공	관련 과목	
		2학년	3학년
언어/문학	국문, 서양어, 동양어 등	세계사, 세계지리, 윤리와 사상, 사회문화, 제2외국어I	고전읽기, 심화국어, 영미문학 읽기, 문학과 매체, 사회문제탐구, 제2외국어II

Memo ▶ 위의 표는 2015 개정교육과정에 기초하여 작성되었다. 언어계열로 진학하고자 한다면 교과과목이 무엇이 있는지 어떠한 것을 선택해야 할지 알아야 한다. 언어계열에 속하는 학과는 국어국문학과, 중어중문학과, 노어노문학과(러시아학과), 영어영문학과, 일어일문학과, 불어불문학과, 스페인어과 등이 있다. 자신이 가고자 하는 과에 맞추어 교과 과목을 잘 선택해야 한다.

국어국문학과 : 심화국어, 고전읽기, 한국지리, 사회문화, 논술, 한문Ⅰ, 한문Ⅱ
중어중문학과 : 세계사, 세계지리, 중국어Ⅰ, 중국어Ⅱ, 한문Ⅰ, 한문Ⅱ
노어노문학과 : 세계사, 세계지리, 윤리와 사상, 러시아Ⅰ, 러시아Ⅱ
영어영문학과 : 영어권문화, 진로영어, 영미 문학 읽기, 세계지리, 세계사, 윤리와 사상

언론정보/신문방송학 전공을 위한 3년간 교육과정

중분류	전공	관련 과목	
		2학년	3학년
언론정보 신문방송	신문방송, 미디어커뮤니케이션 등	경제, 세계사, 윤리와 사상, 사회문화, 정치와 법, 생활과 윤리, 제2외국어Ⅰ	실용국어, 실용영어, 확률과 통계, 경제수학, 사회문제탐구, 여행지리

Memo ▶ 위의 표는 2015 개정교육과정에 기초하여 작성되었다. 언론미디어계열은 우리말에 대한 풍부한 어휘력을 필요로 한다. 범람하는 인터넷기사를 읽다 보면, 언론인의 자질을 의심케 하는 자극적이고 수준 낮은 제목과 엉성한 짜임의 기사를 접하게 된다. 흔히 말하는 고급 국어를 구사한다는 것은 고등국어과정을 충실하게 마쳤다면 충분히 가능한 부분이라 생각된다.

또한 사회 전반에 대한 이해를 필요로 하는 분야이기도 하다. 풍부한 배경지식은 과거의 경험에서 얻어진다. 그런 점에서 사회탐구과목은 그 깊이를 높여주는 핵심 분야라고 할 수 있다. 더불어 본인이 어떤 분야의 언론인을 희망하느냐에 따라 이에 맞춘 과목의 경중은 달라질 것이다.

디지털미디어학 전공을 위한 3년간 교육과정

중분류	전공	관련 과목	
		2학년	3학년
디지털미디어	디지털미디어학, 융합미디어학, 디지털콘텐츠학 등	경제, 세계사, 세계지리, 사회문화, 정치와 법, 생활과 윤리, 물리학Ⅰ	미적분, 실용수학, 융합과학, 사회문제탐구, 생활과 과학, 사진감상과 비평, 심리학

Memo ▶ 위의 표는 2015 개정교육과정에 기초하여 작성되었다. 미디어와 미디어커뮤니케이션에 연관된 다수의 학과에서 이수하길 권장하는 고등학교 과목이다. 디지털미디어학은 과학과 떼려야 뗄 수 없는 관계라서 과학적 이해능력이 필수이다.

따라서 융합과학, 생활과학과 물리학에 대한 이해가 필요하다. 또는 음악, 미술, 사진감상과 비평 과목을 통해 사물을 바라보는 나만의 관점을 만들고, 소비자들을 이해할 수 있는 심리학 과목을 이수하면 좋다.

광고홍보학 전공을 위한 3년간 교육과정			
중분류	전공	관련 과목	
		2학년	3학년
광고홍보	광고학과, 광고홍보학과, 정치언론홍보학 등	윤리와 사상, 정치와 법, 세계지리, 세계사, 경제, 생활과 윤리, 물리학I	실용국어, 실용영어, 확률과 통계, 경제수학, 사회문제탐구, 융합과학, 여행지리, 지역이해

Memo 위의 표는 2015 개정교육과정에 기초하여 작성되었다. 광고 및 홍보학과에 입학하기 위해 필요한 과목들을 소개하였으며, 언론방송학과를 희망하는 학생과 비슷한 과목을 이수해도 입학이 가능하다. 최근 광고 동향을 보면, 가상현실과 증강현실을 접목한 홍보를 하고 있기 때문에 관련된 지식을 습득하기 위한 융합과학과 다양한 지역의 장점을 이해하면 좋다. 또한 이를 효과적으로 전달하는 능력도 중요하므로 지역이해 과목을 이수하면 좋을 것이다.

☞ 여기서 잠깐!!

나만의 전략을 꼭 세우고 싶다면! '학교알리미'를 활용해보세요.

• 학교알림(www.schoolinfo.go.kr)에서 진학을 희망하는 고등학교를 검색해보세요. 해당 학교의 연간 학사일정, 주요행사, 각 교과목 평가 시기 및 방법, 교내 대회 일정, 진로진학 비교과프로그램 등을 확인해볼 수 있습니다. 특히 희망 전공 관련 동아리와 동아리 활동 계획서, 교과과정을 미리 확인해보세요.

나의 꿈을 위한 나만의 교육과정 작성해보기

학년/학기	1-1	1-2	2-1	2-2	3-1	3-2
기초						
탐구						
체육·예술						
생활·교양						

※ 학교별 상황에 따라 개설되지 않는 과목이 생길 수도 있습니다.

창의적 체험활동으로
구체화하자

진로 로드맵을 이용하여 진로계획 세우기

국어국문학 합격생의 진로 로드맵			
구 분	1학년	2학년	3학년
자율활동	독서교육	학급 부반장	인권영화
동아리활동	논술동아리	토론동아리	문학동아리
봉사활동	노인 요양 봉사		
진로활동	글쓰기대회	독서토론대회 낭송대회	진로체험 대학체험
진로독서	논어:인생을 위한 고전(공자), 김소월 전집(김소월), 우리들의 세상, 논어로 보다(고재석 외), 한국 현대문학의 이해(권영민)		

　위 학생은 국어에 관심을 많이 가져 다양한 활동을 하고 있다. 1학년 논술 동아리에서 주장하는 글을 쓰는 방법을 배워 2학년 때에는 자신의 주장을 글로 표현하고 토론에 참여한 점이 돋보인다. 이후 3학년 때에는 다양한 문학 작품을 알기 위해 문학 동아리에 들어가 열심히 참여하였다. 이 학생의 경우 자신이 동아리에서 배운 것을 발판 삼아 낭송대회, 토론대회 등 관련 대회를 다양하게 참가해 자신의 역량을 펼쳐나가는 모습을 보여준다.

노어노문학 합격생의 진로 로드맵

구 분	1학년	2학년	3학년
자율활동	학급 봉사부장	학급 부반장	학급 부반장
동아리활동	영어심화학습동아리	지대넓얕탐구반	노어노문동아리
봉사활동	노인 요양 봉사		
진로활동	영어프레젠테이션 영어에세이대회	진로체험참가 자기소개서특강	다문화체험
진로독서	가까운 러시아, 다가온 유라시아(정성희), 시베리아 횡단철도 잊혀진 대륙의 길을 찾아서(최연혜), 시베리아 시간여행(박흥수)		

위 학생은 영어에 관심을 많이 가지고 있어 영어프레젠테이션 대회, 영어에세이대회 등을 참가하며 진로 준비를 해왔다. 그러다 진로독서를 하며 러시아에 대한 관심을 가지게 되었다. 자신이 관심 가진 러시아에 대해서 2학년 때부터 차근차근 공부하였고, 3학년이 되어 노어노문동아리를 가입해 자신의 진로에 한발 더 나아갔다. 특히 다문화 체험 활동을 찾아 직접 러시아 음식과 문화를 경험한 것이 눈에 띈다.

중어중문학 합격생의 진로 로드맵

구 분	1학년	2학년	3학년
자율활동	학급 반장	다문화교육	영화감상 및 보고서
동아리활동	영화감상반		중국어동아리
		글로벌동아리	
봉사활동	교내 학급 선도부 활동		
진로활동	대학탐방 전공검사	문화체험 및 문화보고서	HSK 시험대비 활동 중국문화보고서
진로독서	주제별로 만나는 중국문화 14강(최병규), 중국 속으로(KBS다큐멘터리), 중국문화풍경(조현규), 처음 읽는 중국사(김육훈 외)		

위 학생은 처음에 꿈이 없었다. 하지만 2학년 글로벌동아리를 통해 꿈을 키웠다. 평소 여행 다니는 것에 관심이 많던 학생은 글로벌동아리를 통해 자신이 여행하고자 하는 나라에 대해 알아보고, 문화와 축제 등을 알아보는 등 열정적으로 활동했다. 동아리 활동 중 친구가 중국에 대해 발표할 때, 관심 갖게 되어 중국어까지 공부하는 열성을 보이고 있다.

이를 바탕으로 중국어동아리에 가입하는 추진력을 보였다. 또한 중국문화보고서 작성과 중국어능력시험(HSK)에 도전하는 등 자신의 진로를 위해 노력했음을 알 수 있다.

영어영문학 합격생의 진로 로드맵

구 분	1학년	2학년	3학년
자율활동	학급 부반장 교내독서골든벨	작가초청강연회 영어에세이대회	영어말하기대회
동아리활동	팝송 동아리		
	영화감상반	영어회화반	
봉사활동	지역아동센터 내 영어 멘토링		
진로활동	자율동아리 발표 - 영화소개 및 감상	영어에세이대회 대학진학박람회	자율동아리 발표 - 영어연극
진로독서	영어에 관한 21가지 오해(로리 바우어, 피터 트러길), 이야기 미국사(이구한), 미국생활과 탐방(알리슨 라니에), 노인과 바다(어니스트 헤밍웨이)		

위 학생은 팝송에 관심이 많은 학생이었다. 처음 팝송을 좋아하게 된 계기로 영어에 관심이 생겼고 팝송반에서 팝송을 해석하고 따라 부름으로써 영어에 더욱 흥미를 가지게 되었다. 팝송동아리를 3년 동안 꾸준히 참여하여 동아리 활동으로 팝송을 축제 기간에 선보였다.

또한 팝송동아리에만 만족하지 않고 영어회화반을 통해 친구들과 영어 연극을 축제기간에 선보였다. 위 학생은 영어에 관심이 많아 영어 관련학과로 진로를 정하였고, 꾸준히 노력해 원하는 학과에 입학하는 성과를 이뤘다.

구 분	1학년	2학년	3학년
언론정보/신문방송학 합격생의 진로 로드맵			
자율활동	학생자치회 학예부차장 학급자치회 학습부장	학생자치회 학예부차장 대의원회의를 확대한 모두의 참여회의 기획 교내 행사 MC 전담	사이버폭력을 조사해 6컷 계몽 애니를 제작함 진로 관련 독서 및 미디어를 활용한 진로 이해활동
동아리활동	소녀상 세우기 프로젝트 학교홍보영상제작반 사회이슈토론반	정책 토론 및 인식 개선 캠페인 동아리 회장 교내 자존감 프로젝트 기획기사 기고	사회문제와 개선 모색활동 모의유엔 의장 환경위원회 팀장 독서토론
봉사활동	교내 고입설명회 홍보영상 제작	환경지키미	
진로활동	학과계열선정검사 결과에 따른 후속 활동 4차 산업 뉴미디어 가상현실 홀로그램 체험활동	'나의 특성 분석하기'를 통해 언론인이 갖춰야 할 역량 강화	학급특색활동 기획, 보고서 및 ppt제작 발표
진로독서	말이 세상을 아프게 한다(오승현), 도서관의 탄생(스튜어트 머레이), 세상을 바꾼 미디어(김경화), 에이징 커뮤니케이션(홍명신), 국제 정치 이야기(김준형), 메시지가 미디어다(유승찬), 커뮤니케이션을 공부하는 당신을 위하여(이재현), 인권연대의 청소년 인권 특강(김형수 외)		

"초심을 잃지 않는다면 우리는 좋은 사람이 될 수 있다." 이 말은 특정 분야의 사람에게만 적용되는 것은 아닐 것이다. 오늘날 사회에서 글의 무게는 상당하다. 말과 글의 힘은 어떤 사실을 더욱 강하고 오래도록 유지되게 만든다. 매 순간 인터넷 포털 메인 화면을 가득 메우는 자극적이고 편향된 정보만을 양산하는 성의 없는 글은 오히려 오염이다.

위 학생은 언론인으로서 갖춰야 할 사회에 대한 바른 인식을 기르고, 이를 제대로 전달하기 위한 준비를 고교 생활 가운데 충실히 성장시켜 왔다고 판단

된다. 균형 잡힌 언론인이 되기 위한 것은 과거를 통해 현재를 보고, 앞으로의 나아갈 방향을 조명하는 것이다. 고교 생활 가운데 인지한 문제점을 교내활동에서 이슈화하고 이를 해결하기 위한 방안을 마련하기 위한 학생의 노력이 비교과활동과 독서를 통해서 충분히 드러나고 있다.

디지털미디어학 합격생의 진로 로드맵

구 분	1학년	2학년	3학년
자율활동	선비체험 수련활동 교내공청회 참여 교내축제기획팀	학급 기획재정부장 학급자치활동-영자신문부 교내축제 사회	전교학생회장
동아리활동	연극동아리 연출	국내외 시사탐구반 영어회화동아리	시사이슈토론반 국제융합동아리부장
봉사활동	지역 찾아가는 봉사활동 홍보팀 활동	세계문화체험 행사 – 영국홍보부스 담당	학생과 교직원 간 소통과 대화의 공청회 주최 및 진행
진로활동	글로벌역량강화프로그램 참여 다양한 멀티미디어 활용학습 참여	진로특강 후속활동을 통해 진로성숙도 높임	디즈니 콘텐츠의 세계관 분석 CNN, BBC 청취 및 분석
진로독서	소비의 역사 : 지금껏 아무도 주목하지 않은 소비하는 인간의 역사(심혜심), 연을 쫓는 아이(할레드 호세이니), 언어의 온도(이기주), 이상한 정상가족(김희경), 최고의 리더는 어떻게 변화를 이끄는가(기무라 나오노리), 개와 늑대들의 정치학(함규진), 디즈니 유니버시티(더그 립), 하버드 심리 수업(리잉), 그들도 모르는 그들의 생각을 읽어라(로저 둘리), 21세기를 위한 21가지 제언(유발 하라리) 키워드 100으로 읽는 문화콘텐츠 입문사전(박치완)		

미디어와 미디어콘텐츠는 든든한 하드웨어보다는 빠르게 변하는 시장의 흐름에 능동적으로 대처하기 위한 소프트파워가 더 강조되는 분야가 아닐까 한다. 이는 어느 특정 분야에 치중되어 있기보다는 다양한 분야에 대한 호기심이 뒷받침되어야 한다는 것이다.

특히 세계를 무대로 우리 문화의 우수성을 콘텐츠로 제작해 알리고, 반대로 외부의 문화를 우리 정서에 맞게 가공한 학생의 영어 학습에 대한 노력은 매우 우수하다. 이러한 역량을 바탕으로 학생이 희망 분야를 준비함에 있어 소홀하지 않았다는 것을 보여주고 있다.

의료영상미디어학 합격생의 진로 로드맵			
구 분	1학년	2학년	3학년
자율활동	학급 영어/수학 멘토링 교내 창의융합캠프	교내체육대회 보건도우미 대학탐방	소통치유활동 교내체육대회 보건도우미
동아리활동	과학이론연구회 애니메이션동아리	동물해부동아리 애니메이션동아리	애니메이션영상동아리
봉사활동	노인 요양센터		
진로활동	선배와 함께하는 전공 및 진로탐색 – 의료방사선과 사회이슈발견 – 인공지능과 원자력이 우리에게 미치는 영향	가상현실 체험, 모션그래픽 제작 실습 애니메이션 제작 의료영상장비 탐구	직업탐방 – 병원 디자인의 특징 분석 홀로그램 영상 제작/소개
진로독서	생물학 특강 1, 2(오태광 외), 내 몸 안에 지식여행 인체생리(타나카 메츠로), 인간의 왜 병에 걸리는가(랜덜프 네스), 모션그래픽 디자인 강의(이수정), 가상현실:미래는 바로 우리 눈앞에 있다(오컴 등), 그림과 만화로 보는 사람 해부학(Tasuo Sakai 등), 디지털 일러스트를 위한 드로잉 해부학(ImagineFX)		

위 학생은 만화와 과학을 좋아해 애니메이션과 과학 관련 동아리 활동을 했다. 또한 3년 동안 노인 요양센터에서 봉사활동했다. 대부분의 어르신들이 수술과 검사를 힘들어하는 것을 보고 의료에 관심을 가지게 되었고, 수술과 검사에 대해 보다 쉽게 이해할 수 있는 영상을 제작하여 어르신들에게 알려주면 거부감이 줄어들 것이라고 생각했다.

이후 일부 병원에서 이미 가상현실을 활용하여 검사부터 수술의 전 과정을 보여주는 영상을 제작했다는 걸 알게 되었다. 그래서 가상현실을 체험과 홀로그램을 제작하여 친구들에게 소개했다. 의료장비에 관심을 가지면서 의료영상디자인학과를 알게 된 후, 관련된 진로활동을 알차게 채워넣은 모범적 사례이다.

위 사례는 처음에는 단순히 호기심에서 출발하지만 차츰 진로가 성숙된 친구들이 있다는 것을 확인할 수 있다.

게임미디어학 합격생의 진로 로드맵			
구 분	1학년	2학년	3학년
자율활동	직업멘토링 – 오지탐험가와의 만남 수학창의탐구교실 수학스터디그룹활동	교내체육대회 – 출전 종목별 포지션 구성 교내독서프로그램 – 공학 관련 독서활동 교내과학축전에서 로봇코딩체험관 운영	학급 특색활동 – 독서를 통한 창의력강화 프로그램 기획 및 진행 교내축제에서 e-스포츠대회 기획
동아리활동	웹개발 동아리	코딩동아리 – 슈팅게임앱을 개발해 교내축제에서 시연 e-스포츠 동아리 창설	컴퓨터 알고리즘 연구동아리
봉사활동	건전한 인터넷 문화캠페인 지역민과 함께하는 과학콘서트 부스운영	지역아동센터 컴퓨터활용 안내 및 지도	
진로활동	직업체험 – 웹디자이너, 웹개발자와의 대화 전공도서읽기프로젝트 참여	전문직업인특강 – 프로그래머 재능기부특강참여 – 프로그래밍기술개발 과정 주제탐구프로젝트 – 스마트시티	롤모델 탐구 독서 비경쟁토론 진로 관련 사회적 이슈 스크랩 및 발표 전공심화특강 – 컴퓨터공학
진로독서	빅데이터가 만드는 제4차 산업혁명(김진호), 튜링 이미테이션 게임(앤드루 호지스), 수학 인문으로 수를 읽다(이광연), 미래의 속도(리처드 돕스), 그가 미친 단 하나의 문제, 골드 바흐의 추측(아포스톨로스 독시아디스), 잡스처럼 꿈꾸고 게이츠처럼 이뤄라(이창훈), 공학이란 무엇인가(성풍현), 고교생이 알아야 할 물리스페셜(신근섭), 재밌어서 밤새 읽는 물리이야기(사마키 다케오), 가상현실 증강현실의 미래 (이길행 외)		

1학년 자율활동 때, 미지의 세계를 개척해 사람들에게 신세계를 알리는 일에서 보람을 느낀다는 오지탐험가의 강연을 듣고 진로를 결정했다. 새로운 온라인 게임을 경험하며 느낀 감정이 떠올라 그때의 떨림을 많은 사람들에게 선물하고

싶다는 다짐으로 게임개발자를 희망하게 된 사례이다. 이를 실현하기 위한 실천 과정으로 수학과 과학교과의 학업성취도를 높이려는 노력과 더불어 관련 분야에 대한 활동을 주도적으로 계획했음을 알 수 있다.

여가로 즐기던 게임에서 직접 게임 앱을 개발하며 겪은 시행착오가 오히려 실패를 두려워하지 않고 한 걸음 더 내딛게 하는 원동력으로 작용했다. 사회활동과 자기계발에 도움을 줄 수 있는 게임문화를 열겠다는 포부로 해당 학과에 합격했다.

광고홍보학 합격생의 진로 로드맵

구 분	1학년	2학년	3학년
자율활동	1학기 학급 총무부장 2학기 학급반장 봉사동아리 차기부장	학생회 방송부장 임원수련회 기획지휘	학생회 방송부 부장
동아리활동	방송부(기술부) 수학동아리 독서자율동아리	우리문화유산알리미 방송부(동아리부장) 광고홍보마케팅 동아리	방송부(동아리부장) 학습자율동아리 창설 창의토론부부장
봉사활동	휴식시간 음악사연방송 DJ	방송반 교내행사 지원활동	지역초등학교 토요학교 레크레이션 봉사활동
진로활동	진로문화체험 기획 교내신문 발간에 참여	교내신문기자로 활동 신문스크랩활동 논문작성 교양과정 이수 우리말 바로 알리기	불우이웃돕기 홍보UCC제작 영자신문 기사발췌 및 토론 광고기획자 직무체험
진로독서	광고의 비밀-왜 자꾸 사고 싶을까?(김현주), 광고천재 이제석(이제석), 광고는 어떻게 세상을 유혹하는가?(공병훈), 광고와 예술(배리 호프먼), 경제 속에 숨은 광고이야기(프랑크 코쉠바), 문화콘텐츠 스토리텔링(정창권), 광고인이 말하는 광고인(국정애), 책은 도끼다(박웅현), 49가지 마케팅의 법칙(정연승), 인문학으로 광고하다(박웅현), 프로들의 홍보노트(프레인),

위 학생이 방송 기획과 홍보에 쏟은 열정은 가히 대단하다. 이 학생의 노력이 빛나는 것은 전 학년을 대상으로 자신의 경험과 지식을 알리고 참여하여 함께

더 나은 목표로 나아가기를 바랐던 모습 때문이다. 교내외의 다양한 경험은 학생이 폭넓은 시각을 가지고 사회를 이해하고, 자신의 논점을 정하는 일에 자양분이 되었을 것이다. 특히 사회적 약자의 자립을 위한 봉사활동을 통해 소수 의견을 중요시하며 공익 목적의 광고를 제작하고자 하는 꿈을 키워나간 학생임을 드러내고 있다.

➡️ 자율활동

학기	일자	주제
1학기	3월 2일	학급부서조직
	3월 15일	학생회/대위원회
	4월 10일	학교폭력예방교육
	5월 14일	연합체육대회
	5월 20일	임원수련회
	7월 15일	모의유엔대회
2학기	8월 16일	학생자치회 학예부차장
	9월 17일	불우이웃돕기 수련활동
	10월 30일	인권의 달 캠페인 활동
	11월 3일	학생독립운동기념일 행사 기획
	12월 20일	학교 축제

학기 중 이뤄지는 비교과 활동은 대부분 학기말에 가서 학생부 기재를 위해 정리를 하게 되는 경우가 많다. 때문에 학교일정에 맞춰 적극적으로 참여하고 유의미한 활동을 했다고 하더라도 일정 기간이 지나고 나면 기억해내기 쉽지 않다.

이러한 안타까운 경우를 사전에 방지하려면, 참여한 활동을 개인이 정한 형식에 맞춰 수첩 또는 노트에 과정을 정리하고, 참여를 통해 얻은 유의미한 결과와 확장 과정을 꼭 기록해 두어야 한다.

예시

날짜	교육명	내용 및 감상
11월 3일	학생독립기념일 행사 기획	내용) 해시태그 이벤트를 기획해 그 수준과 독창성 면에서 큰 지지와 박수를 받았음. 학생이 배우는 자에 머물지 않고, 식민시대의 억압 속에서도 부당한 행위와 처벌에 항거한 것처럼, 언론인을 희망하는 자신도 진실된 보도를 감추고 억압하려는 세력에 타협하지 않고 꿋꿋이 옳은 소리를 알리는 언론인을 희망하게 됨. 이를 보고서로 작성하고 발표하였음.

언어문화계열 자율활동 특기사항 예시

학년	창의적 체험 활동상황		
	영역	시간	특기사항
1	자율활동	101	**(자율활동)** 학급의 봉사부장(2015.3.2.~2016.2.29.)으로 학급의 분리배출 및 학생 봉사활동 내용을 홍보하는 데 힘씀. 학급 임원들과 밝고 건강한 학급을 유지하여 보람된 학교생활이 되도록 하는 데 많은 이바지 함. 뮤지컬 관람(4.3) 때, "한 아이"라는 뮤지컬을 보고 학교폭력에 대한 폐해에 대해 깊이 생각하게 되고 친구들을 배려하고 더 잘 지낼 수 있는 계기가 됨. 생활 점검(4. 7) 때는 자신이 맡은 구역의 청소가 끝나고 오래 걸리는 급우들을 도와 학급 전체가 생활점검을 준비하는 것을 보면서 단체생활에서의 단결심과 협동심이 중요하다는 것을 느꼈음. 수련활동(10.15~16) 때는 단체생활을 하면서 규율에 대한 생각을 한 번 더 하게 되었으며 친구들과 많은 대화를 통해 친구를 이해하는 폭이 많이 넓어졌음. 백일장(10.23) 때는 자신이 살아온 시간을 돌아보며 반성의 계기가 되었고, 앞으로 학교생활 하는 데 계획적으로 해야 한다는 것을 깨달았음. **(독서교육)** 창의적 체험활동의 일환으로 독서 활동과 토론을 실시함. 김성환의 '바비도'와 전상국의 '우상의 눈물'을 읽고 우리 사회의 권력과 정의 앞에서 개인의 삶이 나아가야 할 방향을 생각해보고 독후 토론을 통해 자신의 생각을 타인과 비교해보며 더 나은 삶은 무엇인지 고찰해봄. 또 '인성교육, 법으로 가능한가'라는 토론 주제를 통해 학교가 추구하는 교육의 본질은 무엇이며, 인성교육의 평가는 어떻게 이루어질 수 있는가에 대해 함께 토론해봄.

1	자율 활동	101	'9시 등교, 실시해야 하는가'에 관한 토론을 통해 현행 제도와 9시 등교를 비교해보고 학생으로서 어떤 가치를 우선할 것인지 생각해봄. '동물 실험은 중단되어야 하는가'라는 토론 주제를 통해서는 동물의 생명이 인간의 삶을 위한 수단으로 여기는 것에 대해 생각해봄. 독서와 독서 후 토론을 통해 타당한 근거를 제시하는 논리적 사고와 분석적 듣기 및 공정하고 신뢰할 수 있는 말하기 능력을 함양함. **(원어민과 함께하는 고교 영어 인터뷰)** 부산광역시 교육청 주관 2015 원어민과 함께하는 고교 영어 인터뷰에 참여하여 '탁월하다'는 평가를 받음(2015.6.13.).

언론정보/신문방송계열 자율활동 특기사항 예시

학년	창의적 체험 활동상황		
	영역	시간	특기사항
3	자율 활동	27	**학생회 방송부장** 학우들의 등하교지도, 급식지도 및 일과 중 겪는 불편함을 단속하고 이를 공익방송에 적극 반영하여 원활한 학교생활을 돕고, 올바르고 건전한 생활 습관을 유지해나갈 수 있도록 힘씀. 진로독서로 '세상을 바꾼 미디어'를 읽고 미디어의 발전과정, 역할과 영향력에 대해 알아봄. 영화 '증인'을 시청 후 장애인에 대한 인권에 관심이 커졌으며, 미디어는 사회적 약자라는 프레임을 씌워 편의를 제공하는 사람들의 입맛에 맞도록 변질됐기 때문에 이러한 의식을 바꾸고자 사회적 약자의 의견을 대변하고 이익을 옹호할 수 있도록 다양한 미디어 매체를 통해 효과적으로 알리고 싶음.

학년	창의적 체험 활동상황		
	영역	시간	특기사항
2	자율 활동	85	학생회 방송부장으로 선출되어 교사를 도와 등교지도, 급식지도, 일과 중 교내외 여러 활동에 수행하며 학교의 규정대로 이행되지 않는 부분을 교내 방송에 반영하여, 공익적 계몽에 힘씀. 교내 모의법정을 기획하고 전체 회의를 주관하며 법관으로 참여하여 규칙 위반학생에 대한 합리적인 판결을 이끌어냄.

| 2 | 자율
활동 | 85 | 저녁 명상의 시간을 기획해 아나운서로 활동하며 학우들의 지친 심신에 감성적 안정을 취하도록 노력하였고, 여러 기재를 활용하여 다양한 방송의 방식을 시도해 학우들의 오감을 만족할 수 있는 방송이 되도록 하는 데 기여함.

학생자치회 학예부차장
교내음악회를 기획하고 인기 방송 프로그램을 차용한 톡톡 튀는 진행자로서 퀴즈 쇼와 공연 프로그램을 접목시킨 성공적인 진행을 하는 모습이 매우 돋보임.

학급별 재능발표회와 교내 축제에서 진행자를 맡아, 행사 전까지 여러 번의 진행 대본을 첨삭하는 열정을 통해 행사의 전반적인 정보를 제공하고, 참가팀에 대한 소개를 재치 있게 표현하여 학우들의 큰 호응을 이끌어내 자신의 재능을 드러내는 계기가 됨.

개별 주제 발표회
'장애 인식 개선'을 주제로 발표하였으며, 시작을 수어로 한 점이 매우 인상적이었음. 평소 사회문제와 개선에 관심이 깊은 학생답게 장애인 복지현황, 인식 개선의 필요성을 구체적으로 제시하여 청중들에게 깊은 울림을 줌. 활동 후 사회문제 해결을 위해서는 개인 인식의 진보가 필요함을 소감문으로 작성해 교내신문에 기고함. |

디지털미디어계열 자율활동 특기사항 예시

학년	창의적 체험 활동상황		
	영역	시간	특기사항
1	자율 활동	102	**(자율활동)** 학교 축제에서 학급별 장기자랑을 위해 UCC영상 촬영에 출연하는 한편, 높은 수준의 영상을 완성하기 위해 효과음이나 영상에 다양한 편집기술을 접목하여 우수한 평가를 받음. 특히 영상의 특성을 고려하여 장면 전환 시 매끄럽게 넘어갈 수 있도록 편집하는 데 아이디어를 제공하고 그 아이디어를 접목하여 편집을 함. 명사초청 강의에서 미래 유망직업과 이와 연관된 분야에 대한 설명을 들으며 가상현실과 증강현실에 관련된 직업에 흥미를 갖게 됨. 평소 영상에 대한 관심이 많고 편집된 영상이나 영상 기술을 찾아보는 것을 좋아하는 학생으로서 가상현실과 증강현실과 같은 새로운 분야의 영상효과에 대한 소개를 듣고 관련된 책을 찾아보면서 진로에 확신을 가짐.

학년	창의적 체험 활동상황		
	영역	시간	특기사항
2	자율 활동	79	**(자율활동)** 흡연예방 개그콘서트를 보고 청소년기에 일어날 수 있는 흡연의 심각성을 다시 한 번 느끼게 되는 계기가 되었으며, 흡연이 흡연자뿐만 아니라 간접 흡연자에게도 해를 입을 수 있음을 배움. 이러한 흡연의 경각심을 일깨울 수 있는 홍보영상을 계획함. 콘서트 과정에서 배우들의 열연을 보고 흡연의 위험을 전달해주는 모습이 인상 깊었으며, 아쉬웠던 음향을 보완할 수 있게끔 이 콘서트를 촬영한 영상에 자막처리를 하여 재밌는 영상을 통해 내용 전달을 아주 잘 표현함. 학교축제에서 학급별 공연을 준비하면서 대본 작성과 음향을 만드는 역할을 수행함. 특히, 여러 드라마의 명장면을 모아 하나의 이야기가 되도록 재구성하여 큰 호응을 받음. 대본을 주도적으로 작성하였으며, 녹음본과 배경음을 구하여 음향을 만들어 의미전달이 잘 되었음. 연기와 춤 동작을 급우들에게 알려주는 활동도 열정적으로 참여함. 축제기간 공연영상을 촬영하여 학교 홍보영상을 제작하는 데 기여함.

학년	창의적 체험 활동상황		
	영역	시간	특기사항
3	자율 활동	28	**(자율활동)** 학급 1인 1역할에서 행사사진과 동영상을 촬영하는 역할을 맡아 친구들의 체육대회 때 경기모습과 입장식 등을 사진과 동영상으로 촬영함. 진로탐색활동 중에도 사진과 동영상을 촬영하여 인화한 사진을 친구들에게 나누어주고 단체사진은 학급 내에 전시하였음. 또 체육대회 중 브이로그 형식으로 촬영한 동영상을 편집하여 학급 단체 채팅방에 올려 친구들에게 좋은 반응을 얻었음. 진로탐색활동을 할 장소를 학교 근처의 공원으로 선정하여 공원을 사전 조사하면서 시설에 비해 이용자가 적다는 것을 확인한 후 친구들과 공원을 이용하는 주민들을 대상으로 공원 만족도 설문조사하여 공원의 이용자를 늘릴 수 있는 방안을 토의함. 이용자들은 운동을 하러오는 것이 대부분이었으며, 공원에서 다양한 것을 할 수 있는 문화시설이 있기를 희망함을 알게 됨. 또한 공원 산책로에 미술 작품들을 전시해 두거나 날씨와 어울리는 노래를 틀고 간이 무대 같은 작은 무대를 설치하여 버스킹도 할 수 있게끔 하는 것을 생각해내어 공원 활용방안에 대해 구체적으로 보고서를 작성함.

➡ 동아리활동

학기	일자	주제	활동 내역
1학기	3월 10일	이달의 영화 선정	동아리 팀원과 영화 선정
	4월 18일	영화감상1	영화 감상하기1
	4월 25일	영화감상2	영화 감상하기2
	5월 14일	영화감상문쓰기	영화감상작성(영어)
	5월 20일	영화감상발표	영화감상발표 (영어 5분 스피치)

　시간이 지나가면 어떤 일이 있었는지 잘 생각나지 않는다. 기억을 잘 나게 하려면 학기 중에 했던 일들을 자신의 수첩에 일정과 했던 활동 및 생각을 메모해야 한다.

📋 예시1

날짜	교육명	내용 및 감상
5월 20일	영화감상발표	내용) 영화 '파인딩 포레스터' 감상 감상) 자신의 꿈을 잃지 않고 조언을 통해 성장해 나가는 주인공을 보며 꿈에 대한 자신감을 키움. 영화 속 글쓰기 방법을 보며 쉽게 글 쓰는 방법을 깨달음. '파인딩 포레스터'를 읽고 영어로 감상문 쓰고 발표하기. 영화 속 글쓰기 방법을 통해 영어 작문하기.

언어문화계열 동아리활동 특기사항 예시

학년	창의적 체험 활동상황		
	영역	시간	특기사항
1	동아리 활동	85	**(글숲)**(50시간) 도서부로서 독서교육 종합시스템 학생 사용 방법을 교육 받아 시스템을 이해하고 사용할 수 있으며, 교내 도서 관련 행사에 적극 적 역할을 함. 국립도서관 탐방과 감상문 작성을 통해 도서실 운영의 다 양한 방법들에 대해 이해하고 백색소음이나 도서 정리의 창의적 시도를 해봄. 1년간의 동아리 활동을 소개하는 전시회에 전시할 전시물을 기획 하고 제작하여 참여하는 데 역할을 함. '독서 성장 퍼즐 맞추기'를 진행하여 원활한 진행을 도움. 책을 접할 기회 가 많아지게 되면서 진로와 꿈에 관한 책을 읽으며 꿈을 키움. **(LLS한국사 : 35시간)** 존경하는 역사 인물로 김원봉을 선택하여 다양 한 자료를 활용하여 충실하게 조사, 발표하였으며, 역사 영화 '동주'를 감 상한 후 교과서의 시로만 접했던 윤동주가 아닌 식민지 시대를 살아가는 윤동주의 고뇌와 죽음에 대해 새롭게 인식하였으며, 윤동주와 송동규 두 인물의 다른 선택을 통해 올바르게 역사적 삶을 살아가는 자세에 대하여 고민하는 시간이었다고 발표하여 부원들의 호응을 얻음.

학년	창의적 체험 활동상황		
	영역	시간	특기사항
2	동아리 활동	35	**(조은마음새반)**(35시간) 봉사활동 동아리인 조은마음새반 부원으로서 봉 사정신이 남다르고, 한 달에 한 번씩 매월 셋째 주 토요일 정기적으로 봉 사하는 로뎀 노인 요양원의 봉사활동을 위한 노래 부르기, 안마해드리기. 색종이 접기, 네일 케어, 클레이 모형 만들기, 식사보조하기 등 다양한 프 로그램을 개발함. 주체적이고 자기주도적인 조은마음새반이 선정될 수 있 게끔 조은마음새반의 역동적인 활동을 위한 열정적이고 적극적으로 최선 을 다해 참여함. **(URBOB : 자율동아리)** 교육청 지정 영어 심화학습 동아리 부원으로 영 어 독후감 쓰기, 영어 연설문 번역, 영어 드라마 감상문 쓰기 등에 열정적 으로 참여함. 특히 겨울방학 중 영어에 관심이 있는 1,2학년 학생들 대상으 로 영화 애니메이션 중에 한글 대본을 영어로 작문함. 팀별로 발표하는 영 어체험 교실을 개최하기 위해 기획, 준비, 홍보 등 모든 과정을 동아리 부 원들이 함께 협동을 하여 행사를 성공적으로 개최하여 참여한 학생들로부 터 좋은 반응을 얻음.

학년	창의적 체험 활동상황		
	영역	시간	특기사항
3	동아리 활동	17	**(조은마음새반)**(17시간) 소명의식과 봉사정신이 남다르며 특히 치매 어르신들의 인지발달 향상을 위해 손가락을 많이 사용하는 만들기 활동이 유익하다는 것을 알고 키친타월을 이용한 카네이션 만들기라는 창의적인 아이디어를 실현함. 주체적이고 자기주도적인 조은마음새반의 독창적인 봉사활동이 될 수 있도록 탁월한 지도력을 발휘함. **(지대넓얕탐구반 : 자율동아리)** 지적 호기심이 많고 독서를 즐김. 특히 국제 문제에 관심이 많음. 시민의 교양을 같이 읽은 과정에서 2장 '국가'에 대해 발제함. 내용의 전체 구조를 파악하여 체계적인 흐름도로 나타낸 자료를 제시함. 국가의 대표적인 형태인 야경국가와 복지국가의 역할과 운영원리에 대해 설명하며 전제 군주정, 공화정 및 민주정 등 정치 형태 분류도 곁들여 토론자들에게 지적인 만족감을 느끼게 해줌. 지향하는 국가 형태 및 정치 체계에 따른 정당 명칭의 사례를 소개하며 만약 정당을 창당한다면 어떤 이름을 지을 것인지 발표하는 시간을 가져 활발한 의견을 개진함. 국가란 무엇인가를 읽고 4장 '누가 다스려야 하는가'에 대해 발제함. 통치자의 자질이 국가의 수준을 좌우하는 것임을 플라톤과 맹자 및 트리시마코스와 이론을 비교하며 체계적으로 정리하였음.

학기	일자	주제
1학기	3월 5일	동아리 조직 및 연간활동 기획회의
	3월 15일	시사이슈 토론
	4월 25일	진로독서 발표
	5월 7일	커리어인턴십 진로직업탐구
	5월 20일	직업탐구 보고서 발표
2학기	8월 10일	2학기 동아리 위원 선출
	9월 17일	교내축제 방송부 지원활동
	10월 24일	지역방송국 견학 및 인터뷰 보고서 작성
	12월 8일	4차 산업 뉴미디어 가상현실 홀로그램 체험활동
	12월 20일	학교 축제 방송부 지원활동

학기 중 이뤄지는 비교과활동은 대부분 학기말에 가서 학생부 기재를 위해 정리를 하게 되는 경우가 많다. 이 때문에 학교일정에 맞춰 적극적으로 참여하고 유의미한 활동을 했다고 하더라도 일정 기간이 지나고 나면 기억해내기 쉽지 않다.

이러한 안타까운 경우를 사전에 방지하려면, 참여한 활동을 개인이 정한 형식에 맞춰 수첩 또는 노트에 과정을 정리하고, 참여를 통해 얻은 유의미한 결과와 확장 과정을 꼭 기록해 두어야 한다.

📋 예시2

날짜	교육명	내용 및 감상
5월 7일	커리어인턴십 진로직업탐구	내용) 미디어학과에 진학한 선배를 섭외하여 동아리 부원과 함께 대학교를 방문해 대학교에서 배우게 되는 여러 미디어학 관련 과목에 대해 소개를 받고, 교내 방송국도 견학하였음. 해당학과 출신의 전문직업인을 인터뷰하여 고교에서의 준비과정과 다양한 활동에 대해 조언을 얻음. 학생의 동아리활동은 한 가지 활동을 기획하고 실천으로 마치지 않는 것에서 유의미함을 보여주고 있다. 교내 동아리활동을 모티브로 희망진로에 맞춘 외부활동과 이를 다시 보고서로 작성하고 자신의 지적 성장에서 멈추지 않고 이를 확장해나가는 좋은 본보기이다.

언론정보/신문방송 계열 동아리활동 특기사항 예시

학년	창의적 체험 활동상황		
	영역	시간	특기사항
1	동아리 활동	35	**방송부** 1학기 교내 방송부 아나운서를 맡아 또렷한 목소리와 정확한 발음으로 맡은 역할에 성실하게 임하여 교내 행사 및 방송반 활동이 원활하게 이루어지고 활성화되는 데 중추 역할을 함. 점심과 저녁시간을 활용해 학우들의 사연을 모아 교내 음악방송을 기획하고, 직접 발로 뛰어 학생들의 사연을 모으고 이를 방송함으로써 기획자의 면모를 함양함은 물론 진행자로서의 모습도 성장하는 기회가 됨.

1	동아리 활동	35	**교보** 교내신문 발간을 위해 교내 여러 행사에 참여해 참가자들을 직접 인터뷰하여 기사를 작성함. 특히 역사인물 가상인터뷰 기사를 기획해 교과서와 연계한 인물을 선정하고 이에 대한 사료조사를 통해 쉽고 재밌는 가상인터뷰를 작성함으로써 급우들의 학습력 신장에도 기여한 바가 큼. **시사토론반** 최근의 시사이슈를 모아 토론. 시사적인 상식을 쌓음은 물론 자신의 생각을 정리하고 요약하여 발표하는 과정을 통해 상대방을 설득하는 능력을 길렀고, 상대방의 의견에 귀를 기울이고 존중하는 자세를 배워 민주시민의식을 성장시키고자 노력함. 최근 청소년 문제로 대두된 '청소년의 도박 문제'에 관심을 가지고 실태조사를 통해 "욜로인생, 한방에 GO?"라는 기획기사를 작성하여 불법도박의 위험성과 예방 교육의 중요성을 부각시키는 기사를 작성함.

학년	창의적 체험 활동상황		
	영역	시간	특기사항
2	동아리 활동	38	**우리문화유산알리미** 해외언론을 통해 잘못 전달되고 있는 우리의 역사와 정치적으로 왜곡된 우리 역사를 가르치고 있는 것이 무엇인지를 조사해 우리의 입장에서 평가함은 물론 그런 역사의 오류가 현지에서 왜 이뤄지고 있는지를 함께 다뤄 교내에 게시함으로써 균형잡힌 역사의식을 갖추도록 하는 데 노력함. 학생회와 연계해 위안부 소녀상 알리기 활동을 기획하여 진행함. 소녀상 세우기를 위한 홍보물과 관련 포스터를 제작함. 만든 결과물을 교내 여러 곳에 전시하여 많은 학생들이 위안부 문제를 바르게 인지할 수 있도록 하는 데 기여함. **교내 방송부** 방송부장을 맡아 매일 아침방송과 오후 명상의 시간을 기획해 주3회 방송을 지휘함. 또한 공익을 위한 UCC를 제작해 지속적으로 노출시킴으로써 나와 이웃을 생각하는 이타심을 함양하는 데 기여함. 신입 부원들에게 발성법, 대본 작성법, 음향기기 설치와 활용을 지도하면서 동아리 활성화에 크게 이바지함. **시사토론동아리** 동아리부장을 맡아 참신하고 알찬 동아리 활동을 기획하고 이를 통해 동아리원들이 발표와 토론, 사회를 보는 시각이 성장할 수 있도록 도움.

| | | | '정책 토론 및 캠페인 자료 제작'활동에서 역대 대통령의 남북정책 파트를 맡아 조사하여 사회의 평화와 번영, 안전을 도모하기 위해서는 정치라는 수단이 필수임을 깨달았으며 갈등은 자연스러운 현상이지만 이를 어떻게 해결하느냐가 사회 발전에 영향을 주기 때문에 정치에 대한 대중의 관심과 이해가 필요함을 주장하여 청중의 호응을 받음. |

학년	창의적 체험 활동상황		
	영역	시간	특기사항
3	동아리 활동	38	**방송부장** 수험생의 바쁜 일정 가운데서도 동아리원들의 방송 실력을 신장하도록 돕는 중추역할을 하였으며, 교내 방송 프로그램도 담당하여 시간을 어기지 않고 참여해 모범을 보임. 불우이웃돕기 홍보 UCC 제작에 참여해 콘티 작성과 촬영에 많은 도움을 줌. 교내 축제에서 야외 방송을 기획해 진행하여, 방송부에 대한 학우들의 인식을 개선하고 활동에 관심을 갖도록 하는 데 이바지함. **영자신문제작** 최근 사회이슈를 취재해 이를 영자신문으로 번역하거나, 관련 기사를 발췌해 활용함으로써 학우들의 시사이슈에 대한 관심을 높이고 더불어 영어 학습에도 도움을 주는 역할을 함. **환경위원회 팀장** 미세먼지, 일회용품 등 환경문제에 대해 취재하고 실질적 개선 방안을 사설 형식으로 작성함. 교내 독서대토론에서 환경 분야 독서 후 지역사회의 환경문제 개선 방안에 대해 건의문을 작성하고 실제 청원서를 제출하기도 함. 동아리 발표회에서 환경부스를 개설하여 환경서약서, 재활용게임 등을 기획해 환경문제에 대한 학우들의 관심을 촉구하는 활동을 함.

디지털미디어계열 동아리활동 특기사항 예시

학년	창의적 체험 활동상황		
	영역	시간	특기사항
1	동아리 활동	37	**시사영어동아리** '잡지만들기' 활동을 할 때 의견을 적극적으로 제시하고 아이디어를 발휘하여 잡지의 내용과 연관되는 글씨체와 그림 등을 활용하여 한층 보기 좋고 완성도 높은 잡지를 완성하는 데 기여하여 부원들 앞에서 발표하고 호응을 얻음.

축제기간 동안 동아리 부스에서 홍보UCC를 제작할 때 만화영화 패러디를 하자고 제안하여 촬영을 주도적으로 함. 영상 촬영 시 적합한 장소를 찾고 배경음악과 소품을 자진해서 구해오는 등 먼저 나서서 촬영이 원활하게 진행되도록 함.

뉴스 자율동아리
증강현실이나 가상현실과 같은 영상기술을 이용하여 광고나 체험영상을 만드는 것에 관심이 많음. '사회풍자 일러스트 감상하고 그려보기'를 하면서 풍자와 일러스트를 이용하여 '성형의 폐해'라는 주제를 재미있게 잘 표현함. '동아리뉴스 만들기'를 하면서 자신의 미래 희망직업을 기자가 되어 조사하고 가상현실의 방향에 대해 소개함. 또한 촬영한 뉴스를 보면서 영상편집 기술이나 매끄러운 진행을 위한 노력이 필요하다는 것을 느낌.

학년	창의적 체험 활동상황		
	영역	시간	특기사항
2	동아리 활동	36	**수학창의동아리** 평소 미디어에 관심이 많아 수학자 탐구 PPT를 제작할 때 발표 전개방향을 설정하는 데 기여함. 또한 수학자의 명언을 분위기에 맞게 구성함으로써 PPT제작을 해냄. 발표 시 수학자를 소개하는 포스터를 만들어 발표내용의 이해도를 높였으며, 포스터 제작 중 내용들을 적절히 배치하여 보기 좋은 포스터를 제작하는 데 힘을 씀. 정기적인 재능기부 봉사활동에 참여하여 아이의 공부를 도와주어 학업역량을 높여주는 활동을 통해 나눔과 배려의 정신을 배움. **컴퓨터 자율동아리** 동화책을 읽을 수 있는 앱을 만들기 위해서 동화를 직접 작성하고 움직이는 등장인물들과 글자들이 적절히 등장할 수 있도록 모둠 구성원들과의 회의를 진행함. 자연스러운 캐릭터의 움직임을 위해 코딩의 필요성을 느낌. 온라인 코딩파티를 통해 체험해보면서 어렵게만 느꼈던 코딩을 쉽고 재미있게 할 수 있다는 것을 알게 된 기회가 됨. 이동할 때마다 움직이는 모습이 자연스럽게 연결되기 위해서 스크래치 프로그램을 통해 직접 캐릭터가 이동하며 움직이는 모습을 구현하기 위해 노력함.

학년	창의적 체험 활동상황		
	영역	시간	특기사항
3	동아리 활동	18	**애플리케이션제작동아리** '가상현실 활용 분야'를 조사하면서 VR을 활용한 동화책을 읽어주기가 몰입감을 높여주며 생생한 현장감을 느낄 수 있다는 점을 알게 됨. 또한 엄마의 목소리로 반복재생이 가능하다는 점을 포함해 PPT로 발표함. 또한 VR의료기기로 전쟁 트라우마가 지속되는 정신질환을 치료한다는 예를 들어 안내함. '가상현실: 미래는 바로 우리 눈앞에 있다'와 '가상현실 증강현실의 미래'를 추가적으로 읽으며 자료 조사함. 현재 가상현실 산업의 전망을 논문을 통해 조사하고 게임뿐만 아니라 교육과 훈련 등 다양하게 활용되고 있음을 소개함. 특히, 항공기 시뮬레이션에서 가상현실을 활용하고 있다는 기사를 스크랩하여 전시함.

전공 주제별 동아리 분류

동아리 이름	활동 내용
논술 동아리	다양한 문학, 비문학 관련 도서를 읽고 독후 활동을 통해 다양한 글쓰기와 사고를 기른다.
토론 동아리	현대 사회에 일어나고 있는 문제를 토론하여 현대 사회에 대한 비판적인 사고를 가진다.
영어회화 동아리	미국영화 속 대사를 가지고 영어 회화를 익히거나 팝송을 통해서 영어문법과 영어 문장을 학습한다.
러시아회화 동아리	러시아 관련 영화를 보고 영화 속 대사를 통해 러시아어를 이해한다.
중국어 동아리	중국어 회화, 문법, 문화를 배움으로써 중국을 이해하고 소논문을 작성해봄으로써 중국을 이해한다.
스피치 동아리	다양한 주제를 가지고 자신의 생각을 글로 쓰고 발표함으로써 발표력과 리더십을 향상하고자 한다.
공모전 도전 동아리	다양한 글쓰기 공모전을 참여함으로써 경험을 쌓고자 한다.
영어자격증 동아리	토익, 토플 혼자서 공부하기 힘든 공부를 함께 공부함으로써 신나게 공부하고 자신의 영어실력을 확인해본다.
한국어 동아리	우리나라를 세계에 알리고자 하는 동아리로써 외국 사람에게 우리나라는 알릴 수 있는 방법을 생각해보고 프레젠테이션을 통해 한국을 소개한다.
문화 동아리	다양한 나라의 문화를 알아보며 각기 다른 나라의 문화를 이해하고자 한다.
문학 동아리	다양한 문학 책을 읽고 자신의 생각을 나누어보자.

위의 동아리는 참고목록에 불과하다. 참고목록의 동아리만을 고집하지 말고 자신이 원하고자 하는 동아리를 마음이 맞는 친구들과 함께 자율 동아리를 만들고 활동을 통해 다양한 활동을 해보자. 동아리 활동은 또 다른 경험이 되고 진로에 대한 좋은 밑거름이 된다.

➡ 진로활동

학기	주제	활동 내역
1학기	3분 스피치	진로 3분 스피치 '한국어강사'
	꿈 JOBGO 진로캠프	진로계획 수립에 필요한 역량 습득
	전문직업인 초청	직업인으로서의 보람
	홀랜드전공적성검사	진로성숙도의 정도파악, 적성에 맞는 라이프 스타일
	진로체험	호텔리어, 작가가 되는 과정을 알아봄

시간이 지나가면 어떤 일이 있었는지 잘 생각나지 않는다. 기억을 잘 나게 하려면, 학기 중에 했던 일들을 자신의 수첩에 일정과 했던 활동과 생각을 메모해야 한다.

📋 예시

날짜	교육명	내용 및 감상
4월 26일	진로 3분 스피치	내용) 자신의 꿈을 3분 이내로 정리하여 발표하는 방법. 감상) 강사의 3분 스피치를 들으면서 꿈에 대한 자신감을 느낄 수 있었고 나의 직업을 3분 스피치로 하는 활동을 통해서 내 꿈에 대해서 좀 더 깊게 생각해보는 시간을 가짐. 강사의 스피치를 듣고 나의 꿈을 3분 스피치로 머릿속으로 정리해보고 친구들 앞에서 발표. 내 꿈에 대해서 구체적으로 조사해보고 PPT를 작성하여 소개하기.

학년	창의적 체험 활동상황		
	영역	시간	특기사항
1	진로 활동	38	성실하게 진로활동을 하였으며, 활동 결과를 진로 파일에 꼼꼼히 기록하고 정리하여 관리함. 좌우명은 "무지개를 보려면 비를 견뎌야 한다."라고 정해 달력에 적어두고 매일 보면서 다짐함. '타인을 잘 도와준다.', '다른 사람들의 이야기 듣는 것을 좋아한다.', '맡은 일에 최선을 다한다.' 등이 장점이며, 행복 실천법 중 '남에게 하루에 한 번 친절한 행동을 한다.'라는 방법을 선택해 매일 실천함. 커리어넷 직업적성검사(2015.5.18.)를 실시한 결과, 언어능력, 손 재능, 대인관계능력이 상대적으로 우수하게 나왔으며, 추천직업 중 인문계 중등교사 직업을 선호함. 워크넷 대학전공(학과)검사(2015.9.22.)를 실시한 결과, 교육능력, 의료보건 능력, 서비스 능력이 상대적으로 우수하게 나타났으며, 추천직업 중 인문계 중등교사를 선호함. 워크넷 직업 가치관 검사(2016.01.05.)를 실시한 결과, 직업안정, 영향력 발휘, 몸과 마음의 여유를 상대적으로 중요하게 생각하며, 희망직업 인문계 중등교사와 직업가치관이 잘 맞는 것으로 나타남. 자아 탐색 결과를 바탕으로 인문계 중등교사, 심리상담사, 외교관을 탐색하여 선생님의 경우 교직이수를 할 때 사람 수의 제한이 적다는 것을 알게 됨. 자신의 관심 직업과 관련하여 영어영문학과, 심리학과, 정치외교학과 등 학과 정보를 탐색하여 희망 직업이 되기 위해서 많은 노력이 필요하다는 것을 알게 됨. 희망 직업 선택 활동을 실시하여 학생들의 입장에서 생각하는 인문계 중등교사가 되기로 결정함. 영어영문학과 입학, 교직이수, 인문계 영어 교사 발령 등 시기별로 목표를 설정하여 자신의 꿈길을 작성함. 진로 역할 모델을 발레리나 강수진으로 정하여 본받을 점으로 꾸준한 노력, 자신의 직업에 대한 애정, 성실함을 선택함. 진로시간에 평소 관심 분야인 영어영문학과와 관련된 전공을 탐색하여 교육과정과 직업 전망에 대한 자료를 수집하고, 이를 통해 자기주도적인 진로설계를 구체적으로 계획하는 계기를 마련함. **(경해 꿈끼탐색 주간-영어에세이대회)** 경해 꿈끼탐색 주간에 실시된 영어에세이(2015.12.11.)에서 복장 규제에 찬성하는 에세이를 논리정연하게 작성함. **(경해 꿈끼 주간-영어프레젠테이션대회)** 경해 꿈끼 주간에 실시된 영어 프레젠테이션대회(2015. 12.18.)에서 '기억과 공감'이라는 주제로 유익한 자료를 다양하게 수집하여 발표를 준비하였음.

학년	창의적 체험 활동상황		
	영역	시간	특기사항
2	진로 활동	46	**진로활동** 진로검사(2016.3.15.)에서 EBS 한국형 진로발달검사와 EBS한국형 진로 탐색검사를 실시하였음. 진로탐색검사에서 사회형과 사무형의 결합된 형태로 다양한 사람들을 상대하면서 자료를 정리하고 분류해야 하는 업무에 관한 활동을 선호할 것으로 여겨짐. 대체적으로 사람들과 어울리는 것을 좋아하고 대인관계가 좋고. 친절하고 이해심이 많아 타인을 돕는 것을 좋아하고 꼼꼼하며, 책임감이 강한 특성을 갖고 있으며, 혼자 일하는 것보다 다른 사람들과 함께 어울려 일하는 것을 선호하고 또한 정해진 원칙에 따라 자료를 정리, 분석, 기록하는 일에 관심과 재능을 보이기도 하며, 다양한 사람들을 상대로 하는 업무를 보는 분야에서 자신의 재능을 발휘할 가능성이 있음. **진로과제 탐색** 진로교육을 통해 자신에게 맞는 진로를 탐색하고 고교 생활을 설계, 진로 결정. 자신의 역량 강화. 능력 개발을 위한 계획을 수립, 미래 설계까지 하도록 지도를 함. 자신의 진로를 찾고 난 뒤 교실수업에 대한 참여도, 열정, 호기심이 높아지고 체험학습과 비교과 활동에서 모두 적극적이고 능동적으로 변화하는 모습을 발견함. 자기소개하기 발표 시간에 좋은 생활습관으로는 긍정의 힘을 믿고 스스로 격려하고 응원하는 것, 매일 점심시간과 저녁시간마다 교정을 산책하는 것, 걷기대회를 매년 친구와 함께 참가하는 것이라고 함. 학습방법과 계획으로는 학습 플래너를 활용하여 시간관리와 학습관리를 하고 영어를 좋아해서 영어 관련 동아리에서 반장을 맡아 영미문화를 조사하고 정보를 공유하는 것, 미국 방송 강연 프로그램을 시청하고 번역을 하면서 동시통역 연습을 하고 있다고 함. 진로 및 교양도서를 주고 읽고 있고 정치외교학과, 국제통상학과, 영어영문학과에 관심을 갖고 있으며 해외봉사활동을 하고 싶어 함.

학년	창의적 체험 활동상황		
	영역	시간	특기사항
3	진로 활동	5	자기소개서 특강(2017.5.11.)을 통해 자기소개서 작성 시 필요한 기본적인 사항과 작성 요령에 대해 새롭게 알게 되었음. 특히 자소서 예비 작성 과정에서 고교 생활의 과정을 되돌아보는 좋은 성찰의 시간을 가졌으며, 향후 본인의 진학 및 진로에 대한 진지한 고민과 함께 자신의 미래의 삶에 대한 방향을 한 걸음 더 구체화하고 전진시켜가는 계기가 되었음.

입시설명회(2017.5.19.)에 참여하면서 다양한 입시 전형과 입시 전략에 대한 이해를 갖게 되었으며, 특히 수도권과 지방의 대학별 전형에 대해 알아보면서 본인이 희망하는 대학과 학과의 전형에 대한 정보를 가지면서 본인에게 적합하고 바람직한 입시 전략을 구상하였음.

학기	일자	주제
1학기	3월 5일	동아리 조직 및 연간활동 기획회의
	4월 10일	명사특강-아나운서
	4월 25일	신문스크랩활동
	5월 21일	나의 꿈 나의 미래 발표대회
	7월 14일	명사특강-논문쓰기 특강
2학기	9월 18일	교내축제에 맞춰 학교역사신문 발행
	10월 24일	동아리 박람회-부스운영
	11월 9일	학과체험 및 직업인 특강-뮤지컬 배우 인터뷰
	12월 14일	학급별 진로특색 사업

학기 중 이뤄지는 비교과활동은 대부분 학기말에 가서 학생부 기재를 위해 정리를 하게 되는 경우가 많다. 그러므로 학교일정에 맞춰 적극적으로 참여하고 유의미한 활동을 했다고 하더라도 일정 기간이 지나고 나면 기억해내기 쉽지 않다.

이러한 안타까운 경우를 사전에 방지하려면, 참여한 활동을 개인이 정한 형식에 맞춰 수첩 또는 노트에 과정을 정리하고, 참여를 통해 얻은 유의미한 결과와 확장 과정을 꼭 기록해 두어야 한다.

날짜	교육명	내용 및 감상
연간기획	독창적 콘텐츠 아이디어 기획	내용) 영상 분야의 콘텐츠 기획 및 제작에 관심이 많아 관련 활동에 주도적이며 자발적으로 참여하는 모습을 보여줌. 디즈니사의 콘텐츠를 분석하고 애니메이션 안에 있는 캐릭터, 메시지와 세계관을 조사하고 분석한 후 애니메이션에 대한 새로운 생각과 관점을 담은 포스터를 직접 기획하고 제작함. <u>학생들이 진로활동에는 주로 학교에서 신청자대상, 학년대상, 전교생을 대상으로 하는 특강이 주로 적히기 마련이라고 생각한다. 이러한 내용 가운데는 개인의 진로와 연결되지 않는 활동도 다수 발견이 된다. 물론 그 안에서도 어떤 활동을 했는지를 통해 유의미함을 찾을 수는 있겠지만, 서류전형을 준비하면서 부족함을 느끼는 학생들이 많다.</u> 이 때문에 개인이 학급이나 동아리에서 확장해 활동한 비교과가 있다면 이를 진로활동에 적히도록 노력할 필요가 있다.

언론정보/신문방송계열 진로활동 특기사항 예시

학년	창의적 체험 활동상황		
	영역	시간	특기사항
1	진로활동	55	**진로문화체험** 참여하는 학생들이 자율적으로 의논해 체험활동 계획을 수립하는 가운데 다소 의견충돌이 있었고, 이를 반장으로서 억누르기보다는 친절히 의견수렴을 하고 적극 소통하여 좀 더 명확한 계획이 수립되는 데 중추의 역할을 함. **시각장애인을 위한 목소리 기부** 책 읽어주는 녹음활동에 참여하여 많은 부분은 아니었으나, 학생의 희망 진로에 맞춰 활동할 수 있는 좋은 기회였고, 사회적 약자를 위해 자신의 위치에서 실천할 수 있는 방법을 배우는 계기가 됨. 사람들에게 정보를 전달하고 이야기를 하는 일에 보람을 느끼며, 그 매개체인 '말'과 '말하기'에 대해 관심이 많음. '언어'에 대한 정보를 찾아보던 중, 『말이 세상을 아프게 한다』라는 책을 찾아 읽으며 세상에는 편견과 차별이 내포된 말이 일상에서도 자연스럽게 쓰인다는 사실을 깨달을 수 있었고, 이러한 문제를 해결할 수 있는 평등한 언어 사용이 필요하다는 생각을 함.

또한 평소에 말하기 습관을 돌아보며, 말을 할 때 청자에 대한 고려, 전달하고자 하는 정보의 정확성, 표현의 적절성 등을 항상 고려해야 한다는 생각을 하였고, 우리가 이러한 사실을 알고 있음에도 언어습관이 잘 고쳐지지 않는 것은 '누군가를 상처주는 데 익숙해져 버린 사회분위기' 때문이라는 주장을 펼치기도 함.
'내 언어 능력의 한계가 곧 내 세계의 한계다.'라는 비트켄슈타인의 말을 인용해 평등한 언어 사용의 습관화가 곧 차별과 편견 없는 세계로 가는 시작이라고 배우는 계기가 됨.

학년	창의적 체험 활동상황		
	영역	시간	특기사항
2	진로 활동	45	**시사지에 정기적 기고 활동** 문화, 정치, 외교에 대한 사회상을 분석하고 이에 대한 학생이 지녀야 하는 바른 의식에 대해 논리적으로 주장하는 활동을 꾸준히 함. **신문스크랩활동** 같은 사건에 대한 다양한 관점과 주장을 여러 신문기사를 스크랩하고 사회 현상을 바라볼 때 다각적인 분석의 필요성을 익힘. **우리말누리 활동** 바른말 사용 프로젝트를 추진해 비속어사전 만들기, 언어순화활동집, 우리말로 새롭게 가꾸는 간판꾸미기 활동을 기획하고 제작 전시해 우리말을 아끼고 활성화하는 데 이바지함. 진로활동 수업에서 의사소통능력에 대한 수업에서 말하기와 글쓰기의 중요성에 대해 큰 관심을 보였으며, 경청의 중요성을 느끼고 이러한 능력을 향상하기 위해 자신이 노력해야 할 점을 탐구보고서로 작성함. 진로발표시간에 국제기구 활동가의 업무, 되기 위한 방법, 필요 요구 능력, 계기, 관련학과 소개 등에 대한 내용을 PPt와 동영상을 활용해 급우들 앞에서 자신감 있게 발표하였고, 발표 후 학우들의 질문을 경청하고 적극적으로 대답함. 발표를 준비하면서 국제기구 활동가에 대한 다양한 지식을 알게 된 계기가 되었고, 자신의 꿈을 구체화하기 위한 방법을 모색하고 실천해야겠다고 다짐함.

학년	창의적 체험 활동상황		
	영역	시간	특기사항
3	진로 활동	30	**쉼표 프로젝트** 청소년의 올바른 놀이문화 형성과 일탈을 방지하기 위한 학급 특색활동을 기획하고 이를 보고서로 작성해 PPT제작 및 발표하여 큰 공감대를 형성함. 프로젝트를 진행하기 위해 지역 청소년센터와 스트레스 프리존의 운영 방법을 알아보고 진로와 연계해 팀원들의 역할을 분담하는 총괄 팀장의 역할을 함. 이 과정에서 스트레스의 원인과 해소 및 학업성취도에 미치는 영향에 대한 기사를 찾아보고, 건전하게 스트레스를 해소할 수 있는 방안을 제시함. '청소년 문화활동의 참여동기, 참여태도 및 자기효능감의 구조적 관계 분석'의 자료를 보고 자신이 만족하는 여가활동 참여 경험은 궁극적으로 청소년의 삶의 만족이 높아질 것이라는 결론을 얻음. 이를 홍보하기 위한 피켓과 캠페인 부스를 설치하는 활동을 주도적으로 기획했으며, 이 활동을 통해 청소년의 인권에 대해 새롭게 인식하는 계기가 됨.

디지털미디어계열 진로활동 특기사항 예시

학년	창의적 체험 활동상황		
	영역	시간	특기사항
1	진로 활동	39	진로체험으로 나노바이오 연구센터를 방문하여 좁아진 혈관을 넓혀주는 기계인 '스턴트'의 원리에 대한 설명을 듣고, 의학공학기술에 대해서 자세히 알게 됨. 스턴트를 효과적으로 장착하기 위해 조영제를 사용하지만 신장의 기능이 약화된다는 문제점이 있다는 것을 알게 됨. 나노봇이나 더 효율적인 영상장비를 이용한다면 이런 단점을 최소화할 수 있을 것으로 생각하고 관련된 자료를 찾아보고 조사함. 또한 문화전당센터에서 우주선과 건축에 사용되는 기술을 배우게 되었으며, 그것들이 사용되는 곳에 따라 재질을 달리하여 사용해야 한다는 것을 알게 되었음. 특히 우주선과 건축 등 디자인의 중요성을 느끼게 되었으며, 디자인이 단순히 예쁘게 만드는 것뿐만 아니라 거주자의 특징을 파악하고 사용 용도에 맞게 실용적으로 해야 함을 알게 됨. 최근의 건축 트렌드를 찾아보는 활동을 하면서 요즘은 제로하우스처럼 에너지 사용을 최소화하는 건축이 유행하고 있다는 것을 알게 됨.

학년	창의적 체험 활동상황		
	영역	시간	특기사항
2	진로 활동	39	진로탐색주간에 대학교를 방문하여 학과에 관한 소개를 들은 후 자신의 전공계열과 희망 분야 직업 전망에 관한 내용들을 알 수 있었으며, 이후 대학강의와 실습을 통해 자신의 꿈을 이룰 수 있을지 구체적으로 탐색한 보고서를 제출함. 놀이동산에서 가상현실 기기를 이용한 놀이기구를 직접 탑승해보면서 가상현실의 흥미로움을 느꼈으며, 직접 무기나 기기와 함께 체험해볼 수 있는 놀이기구도 생겼으면 하는 생각을 가지게 됨. 과학관에 방문하여 가상현실 체험으로 가상공간에서 이뤄지는 탈출게임을 해보며 실제로 현실처럼 느껴지는 것 역시 흥미 있게 경험함. 여러 가상현실 체험을 해보고 원리나 기술에 대한 내용이 궁금해 강의를 찾아보고 '홀로그래픽'이라는 가상공간 기술에 대해 알게 됨. 다양한 소재의 촬영부터 후반작업까지 세세한 정보들을 알 수 있게 됨. 또한 창의적인 시각을 가지는 것이 중요함을 깨닫고 여러 행사에서 창의적인 기획을 하는 데 기여함. 선배와 함께한 진로 아카데미에서 진로 로드맵을 설계하는 과정에서 영상산업의 발전사와 영상을 통해 K-Pop수출하는 사례를 소개하는 모습을 보면서 진로확신을 엿볼 수 있었음. 영상 산업이 문화에서부터 교육, 산업, 여행 등 다양한 산업으로의 확장되는 것을 소개하며 진로 로드맵을 구체적으로 작성함. 진로에 관한 확신을 가지라는 선배의 조언을 듣고 자신의 꿈을 반대하는 부모님을 설득하기 위해 영상미디어 분야의 꿈을 이루기 위한 자격조건과 그동안 노력을 통해 얻은 성취 등을 정리 발표하여 친구들로부터 박수를 받음.

학년	창의적 체험 활동상황		
	영역	시간	특기사항
3	진로 활동	20	진로탐색활동을 하면서 미디어아트 플랫폼 전시장에 방문하여 다양한 전시들과 체험시설을 흥미롭게 체험함. 홀로그램 극장에서 홀로그래픽을 이용하여 K-Pop가수들이 실제로 공연하는 것 같은 느낌을 받는 체험을 하고, 미디어 아트를 전시하는 곳에서 가상현실 공간 속에서 직접 글씨를 쓰거나 그림을 그릴 수 있다는 틸트브러쉬를 사용하여 직접 VR공간 속에서 글씨를 써보고 출력해봄.

3	진로 활동	20	미디어 놀이터에서 무등산의 사계절 바람을 시각과 청각을 통해 체험할 수 있는 공간을 체험해보면서 손뼉을 치거나 소리를 내면 그 소리에 맞춰 스크린의 갈대가 반응을 하여 바람이 촉각이 아닌 다른 감각으로 인해 느낄 수 있음을 경험함. 경험한 것을 영상과 배경음악까지 첨부하여 친구들에게 소개해주었더니 내용 이해가 더 잘 된다고 친구들의 피드백을 받고 이를 보고서로 제출함. 선배와의 대화를 통해 미디어 전공에 대해 전문적으로 배우고 싶다는 욕구가 생겨 진학을 위해 관심이 있는 주제에 대한 미디어 흐름을 파악하여 미디어 플랫폼에 흥미 있는 영상이나 사진 등을 게시함. 대학 진학 후에도 대학 채널을 개설하여 계속해서 미디어 자료를 올릴 것을 희망하여 흥미 있을 만한 주제를 고민하고 구상하며 전문적으로 배운 내용을 통해 적용하겠다고 포부를 밝힘.

앞에서 자율활동, 동아리활동, 봉사활동, 진로활동 4가지에 대해서 알아보았다. 다양한 예시들을 살펴본 기억을 천천히 떠올려 보면서 나만의 진로 로드맵을 작성하여 자신의 진로에 구체화시키는 활동을 해보자.

나만의 진로 로드맵

구 분	1학년	2학년	3학년
자율활동			
동아리활동			
동아리활동			
봉사활동			
진로활동			
진로독서			

교과 세부능력 특기사항으로 융합적 지식을 보이자!

언어문화계열 교과세부능력 및 특기사항 예시

구분		세부내용 특기사항
1학년	국어II	방과후 학교 국어 보충수업(24시간)에 참여함. 언어 외적 표현에 따라 말하거나 듣기가 어떻게 변할 수 있는지에 대해 잘 이해하고 있으며, 장면에 따라 다양한 표현 방식을 사용해야 함을 알고 있음. 상황에 맞는 발언을 하는 데 관심이 많아 심리 화법에 관한 서적을 평소에 많이 접함. 학급 동기 유발과 꾸준한 공부습관을 위해 시행한 국어 과제를 수행평가에 아주 적극적이고 성실한 태도를 보임. 학력평가 문제를 활용, 수능 문제 해결 능력 향상을 위해서 실시한 과제물 평가에서 스스로 문제를 해결해 나가는 자기주도적 학습 습관 형성과 함께 출제자의 의도와 지문의 핵심 파악 능력이 많이 향상되었음. 특히 꾸준한 지문 분석을 통해 구조적 지문 독해 능력이 갖추어진 점이 돋보임.
	영어I	영어심화학습(URBOB) 반의 반장을 맡아 영어 관련 영어 토론, 독서 감상문 쓰기, 프레젠테이션 그리고 경암제 동아리 발표 등 다양한 활동을 충실히 이끌어 타의 모범이 됨. 영어 관련 다양한 독해 작문을 듣고 읽고 해석하는 것에 관심이 많아 아침 영어 듣기 시간뿐만 아니라 보충 및 수업시간에 집중하였고 영어지문을 논리적으로 분석하고 파악하는 능력이 뛰어나며 수업 시간에 실시하는 영어 독해 지문에 대한 중심내용 파악 AC 해석 발표에 자발적으로 27회 이상 참여하여 활기찬 수업 분위기 조성함. 특히 반장으로 아침 영어 듣기 방송 시 정숙 지도와 급우들의 기출 모의고사 문제 점검 및 고난도 독해 문제를 설명해주며 멘토 역할을 성실히 수행함. 방과 후 학교 실용영어 (22시간)수업을 이수함.

Memo ▶ 국어시간에 자신이 흥미가 있었던 부분에 스스로 서적을 찾아 읽어보는 열정을 가진 학생이고 평소에 내주는 과제와 수행평가를 성실하게 해오는 것으로 보아 평소 생활태도가 올바른 학생이며 자신의 부족한 부분인 지문의 핵심 파악 능력을 향상시키기 위해 꾸준히 지문 분석을 하는 것으로 보아 공부에 대한 열정이 많은 학생이다.

영어시간에 영어심화학습(UROBOB) 반의 반장을 맡아 다양한 활동을 이끌어 온 것으로 보아 같은 반 친구들을 이끄는 리더십이 있는 학생이고 평소 영어 시간에 스스로 발표를 하는 행동으로 보아 영어에 대한 흥미가 많은 학생이다. 또 다른 반 친구들의 멘토 역할을 해내고 직접 문제를 설명해주는 등 영어에 대한 학습능력도 우수한 것으로 보인다.

구분		세부내용 특기사항
1학년	사회	사회현상과 문제에 대한 관심이 매우 높으며 사회현상을 바라보는 종합적인 시각을 가지고 있기 때문에 사회 문제해결 능력이 우수함. '우리는 사회를 떠나서 살 수 있을까?' 라는 발표수업으로 인간은 혼자서는 생활에 필요한 모든 것을 만들 수 없고, 인간에게는 다른 사람들과 함께 이야기하고 행동하려는 욕구가 있기 때문에 사회를 떠나 혼자서는 살아갈 수 없다고 명확하게 발표함. 그리하여 사회적 관계 안에서 상호 작용의 의미와 인간 존중의 필요성을 인식함. 또한 '사회적 약자와 지역 격차를 해소하기 위한 정책에는 어떠한 것이 있을까?'라는 발표수업으로 롤스의 정의론에 근거하여 사회적 약자를 보호해야 하는 이유와 정책에 대해 성실히 조사하고 발표하였음. 학급에서 사회 학습도우미로 도움이 필요한 친구를 적극적으로 도와주어 주변에서 칭찬할 만큼 책임감이 강하며 수업에도 적극적으로 참가하는 성실한 모습을 보임. 지역에 따른 다양한 인구 문제를 파악하고, 그 해결 방안을 모색하는 데 적극적으로 참여함. 특히 민족과 종교 등의 차이로 인한 분쟁의 양상을 잘 이해하며 사진, 도표, 사례, 통계 등 다양한 학습 자료에 대한 분석력이 뛰어남. 사회수업에 임하는 태도가 모범적이고 학업성취도도 우수함.
	한국사	역사를 비롯한 사회과학의 많은 분야에서 폭넓은 지식과 독서량을 가지고 있어, 사회 현상이나 역사적 상황을 비판적으로 사고할 줄 알며, 특히 경제의 발전 과정이나 경제제도의 개혁 등에 관해 많은 관심이 있음. 우리나라에 유입되어 정착한 문화 사례 발표하기에서 삼국시대 유학과 고려 말 성리학이 유입되어 중국과 다른 제례의식으로 정착하여 유지되고 있는 유교문화에 대하여 동영상 자료를 활용하여 발표함. 고려시대 역사적 인물 가상 일기 쓰기에서 문벌귀족 '이자겸'으로 왕권을 능가하는 권력을 행사하는 모습을 사실적으로 실감 있게 작성하여 풍부한 역사적 상상력을 보여줌. 각각의 역사적 사건보다는 시대의 큰 흐름을 이해하고, 이를 통해 개별 사건의 역사적 의의를 해석하는 능력이 뛰어남.

Memo▶ 여러 가지 사회현상에 대해 올바른 근거를 들어 주장을 하는 것으로 보아 사회현상을 완벽히 이해하고 적용할 수 있는 능력이 있으며 사회 학습 도우미를 맡고 수업시간에 적극 참여하는 것으로 보아 사회에 흥미를 가지고 있으며 책임감이 있는 학생임을 알 수 있다.

경제제도에 대하여 많은 관심을 가지고 있고 역사적 사건을 외우는 것이 아니라 흐름을 이해하는 것으로 보아 한국사에 흥미를 가지고 있다. 발표할 때 올바른 자료를 활용하고 인물 가상 일기쓰기에서 풍부한 표현을 사용하여 자신의 역사적 상상력을 드러낸 것으로 보아서 역사의식에 탁월한 것을 알 수 있다.

구분		세부내용 특기사항
3학년	영어 독해와 작문	영어 발표 수업에서 '언어 학습에서 가리키는 몸짓의 역할'에 대해 발표함. 프랑스의 유아교육에 대해 알아봄. 프랑스에서는 한국과 달리 가정 내에서 아이보다 부부의 관계를 더 중요시하여 아이를 아이답게 대하지 않고 작은 어른으로 대우한다는 것을 알게 되어 발표 중 친구들에게 소개함. 발표를 통해 프랑스의 교육은 경쟁을 요구하지 않는다는 것을 알게 되었고, 객관식 시험이 없고 모두 주관식 시험으로 이뤄진다는 것을 알게 됨. 또한 출제자의 의도에 맞게 대답하는 순응적인 교육이 아닌 스스로 사고하고 판단하여 자신과 세상의 주인이 될 시민들을 기르기 위한 교육이라는 것을 알게 됨. 이로써 한국 교육에 대해 고찰할 수 있게 되었고, 교육의 재정비가 필요하다고 생각하는 계기가 됨.
	독서와 문법	한국의 창제 원리를 이해하고 복잡한 문법 체제를 정확하게 이해하고 구분함. 시간 표현 부분에서 절대 시제와 상대 시제 개념에 대해 관심을 갖고 조사함. 절대 시제와 상대 시제를 사건시와 발화시를 중심으로 사건의 전후 관계를 따라 정해지며 상대 시제는 사건시를 기준으로 한다는 것을 조사하여 제출함. 다른 나라의 문법 체제를 조사해 불어와 국어 문법의 시제 비교 보고서를 발표함. 불어에 나타나는 시간 표현을 정리하고, 우리말과의 공통점뿐만 아니라 불어만이 가지는 분별 용어의 특징을 잘 분석하여 발표를 실시함. 이 과정에서 일반적으로 많은 학생들이 선택하는 영어, 중국어, 일본어와 달리 자신의 관심 분야에 대한 흥미와 의지로 구하기 힘든 자료를 구하는 노력을 함. 앞서 잘 되지 않던 것을 이해하기 위해 교사에게 질문하는 적극성이 인상적이었음.

Memo ▶ 영어 시간에 우리나라와 다른 프랑스의 교육방식을 비교함. 프랑스는 순응적인 교육이 아닌 주도적인 교육이라는 것을 알게 되었고 아이를 작은 어른이라고 대하는 것 또한 알게 됨. 이를 통해 한국 교육의 재정비를 영어 발표시간에 발표하는 것으로 보아 평소 우리나라 외에도 다른 나라 교육에도 관심을 가지고 있던 학생인 것으로 판단된다. 독서와 문법시간에는 절대시제와 상대시제의 개념에 대해 스스로 관심을 가지고 조사하여 제출한 것으로 보아 평소에 국어에 흥미를 가지고 있던 학생으로 판단됨. 문법 체제 조사하기에서 일상생활에서 접하기 어려운 불어와 우리 국어 문법을 비교하여 발표한 것으로 보아 학습에 흥미를 느끼는 학생임. 또 학습을 수행하는 동안 보다 더 잘 이해하기 위해 교사에게 질문하는 등 평소에 매우 열정적인 학생이다.

구분		세부내용 특기사항
2학년	문학	문학 작품을 읽고 이해 및 해석하는 능력이 뛰어나며, 익힌 바를 내면화하고 감수성을 기르는 활동을 성실하게 수행함. 교과서 뒷부분에 있는 학습 활용을 각자 풀어 보고 그 결과를 조원들끼리 의논하여 문학 작품의 이해에 이르는 협력 학습에 최선을 다함. 답을 찾기 위해 노력하고 조원 간의 논의를 통하여 자신의 견해를 피력하고 조원들의 의견을 수렴해 나가는 자세가 진지하고 성의를 다하는 태도를 보임. 작품에 담긴 가치관을 중심으로 한국 문학의 특징을 잘 파악함. 특히 박인로의 시조를 감상하며 화자가 떠올린 대상에 대한 태도를 통해 가치관을 파악하고 우리 민족의 전통적인 삶의 모습을 효과적으로 유추함. '완득이(김려령)'를 읽고 '담임 동주의 교육방식은 이상적이다.'라는 주제로 진행된 3:3 교차 질문식 토론에 적극적으로 참여함. 찬반 입장 모두에서 다양한 논거를 바탕으로 자신의 주장을 논리적으로 전개하고 상대 주장을 반박하며 능동적인 토론 능력을 보여줌. 방과 후 학교 실용국어(22시간) 수업을 이수하며 국어 지식의 부족한 부분을 보충하고 국어 지식을 활용하여 언어영역의 다양한 문제를 해결하는 능력을 배양함.
	독서와 문법	실용국어(22시간) 방과 후 수업 활동에 적극적으로 참여하여 자신의 국어 지식과 사용 능력을 자기 주도적으로 향상시킴. 궁금한 점이 있으면 적극적인 질문과 폭넓은 사고 활동을 통해 해결하였고, 수업이 진행되는 동안 집중력을 유지하며 적극적으로 참여함. 문법 단원의 내용을 요약정리하고 연구하여 학생들 앞에서 발표하는 활동을 아주 잘 수행하였음. 문법 이론의 본질을 잘 소화하여 알기 쉽게 전달하였으며 특히 질의응답 시간에 학생들의 질의에 적절한 답변을 하여 학생들의 신뢰를 얻음. 실전국어(12시간) 방과 후 수업 활동에 적극적으로 참여하며 글의 구조와 중심 내용을 파악하기, 숨겨진 의도 파악하기, 글쓴이의 관점과 글 내용을 비판적으로 바라보기, 글 내용을 현실에 적응하기 등과 관련된 국어 학습 능력을 기름. 질문과 토의, 토론을 통해 부족한 부분을 적극적으로 보충하고 수업 내용과 관련된 자료를 자율적으로 찾아보면서 적극적으로 학습함.

Memo▶ 문학시간에 특정 작품에 흥미를 느껴 작품이 만들어진 당대 시대의 삶의 모습을 유추하려는 학생이다. 방과 후 학교 실용국어 시간에 자신의 부족한 부분을 보충하려는 것을 보아 국어에 많은 흥미를 가지고 공부하는 학생으로 보인다. 독서와 문법시간에는 방과 후 실용국어 시간에 질문에 적극적으로 참여하고 반 친구들 앞에서 발표를 하는 등 매우 열정적인 모습을 보여주었다. 수업시간에는 반 친구들이 질문에 직접 응답하며 적극적인 태도를 지닌 학생이다.

구분		세부내용 특기사항
1학년	국어I	국어에 대한 내적 성취 욕구가 높고 수업에 바른 자세로 집중하며 교사의 발문에 적극적인 자세로 대답하는 태도가 돋보임. 모든 활동에 최선을 다하는 학생으로 또래 집단에 비해 문식성이 뛰어나 단순히 텍스트를 이해하는 것을 넘어 읽기와 쓰기를 통해 의미와 가치를 새롭게 구성함. 쓰기의 동기와 목적에 맞는 우수한 수행을 보이며 읽기 및 쓰기 태도가 잘 형성되어 있음. 과목에 대한 이해가 전반적으로 높고 성실한 자세로 수업에 임해 중간 및 기말고사에서 높은 성적을 얻음. 특히 장래희망을 방송 분야로 꿈을 키우면서 그와 관련된 국어어문규정에 관심이 많고 토론활동에도 차분하고 논리적인 모습으로 적극적으로 참여함.
	영어I	영어과목에 대한 높은 흥미로 교과수업 중 활동에서 소속된 조가 좋은 결과를 얻을 수 있도록 조원들의 참여를 이끄는 리더의 기질을 보임. 특히 학생은 영어로 의사소통하는 것을 즐겨 회화 관련 활동에 적극 참여함. 교과수업 이외에 유명인들의 강연을 듣는 과정에 특히 관심을 보여 연설내용을 통해 어휘나 독해로 연결하는 등의 적극적인 수업응용력을 보여줌.
	논술	찬반토론 및 논술문을 작성함. '교내 휴대전화 사용'에서 휴대전화 관리 부실, 다양한 활동 억제, 인간관계의 단절 등을 근거로 반대 의견을 '문이과 통합'에서 직업 만족도 감소, 융합형 인재 양성에 비효율적 등을 근거로 반대 의견을, '만18세 투표권'에서 학생들의 의사반영 가능 등, 자신의 가치관과 신념이 확립되어 정신적으로 성숙함. 정치적 관심 증가 등을 근거로 찬성 의견을, '안락사 허용'에서 악용 가능성 증가, 생명의 존엄성이라는 관념 왜곡, 전문인의 정신적 건강 등을 근거로 반대 의견을 개진하고, 이를 논리적으로 서술하여 글쓰기 능력을 향상함. 이런 과정을 통해 지구촌의 시사이슈에 관심을 가지고 자신의 의견을 드러냄으로써 판단력을 키웠으며, 모둠장으로서 토론활동에 리더십을 보임.

Memo ▶ 텍스트에 대한 이해가 높다는 것이 전반적인 의견이다. 이러한 자세는 배운 내용을 적용하는 활동을 하게 되는 경우, 이를 통해 무엇을 확인해야 하는지를 정확하게 찾아내는 모습으로 나타나고 있다. 가짜 뉴스가 많아지는 미디어사회에서 올바른 글쓰기를 위해서는 주어진 텍스트에 대한 바른 이해로부터 시작해야 한다는 것을 학생은 보여주고 있다. 또한 자신의 의견을 표현함에 있어서도 가정형의 모호한 결론으로 마치는 것이 아닌 이를 뒷받침할 수 있는 전문지식을 활용하고 있다. 활동참여자의 동의를 구하는 것은 집단사고의 검증과정을 통해 오류를 줄이고자 하는 노력으로 해당 분야에 대한 역량이 강화되고 있음을 보여주고 있다.

구분		세부내용 특기사항
2학년	사회 문화	장래희망이 아나운서인 학생은 사회문화 현상에 대한 남다른 관심으로 적극적이고 능동적인 학습태도를 보임. 사회문화현상의 탐구과정을 배우면서 모둠 수업의 조장으로 자원하여 주제를 선정하고 가설설정, 질문지 만들기 등 일련의 과정에서 조원들과 협동학습의 장을 열었음. 조원들과의 소통을 중요시해 수업시간 이외에도 의견을 말하고 조율하는 대화의 장을 만드는 모습이 인상적이었으며, 모둠학습의 진행과정을 발표함에 있어서도 탁월한 설득력과 발표력을 보임. 사회계층현상에 대해서 수업하면서 계층구조와 사회이동에 대하여 관심을 가지고 통계자료를 분석하고 해석하는 능력을 키워 다양한 불평등 현상과 접목해 발전방향을 모색해보는 등 자신이 속한 사회에 애착과 관심을 보임. 유명 커피전문점의 인종차별 기사를 조사하여 발표하며 인종차별의 양상과 심각성을 알리는 역할을 함. 해결책으로 직원을 뽑을 때 면접을 통해 인성을 파악할 수 있는 방법을 강구해야 한다고 주장함과 동시에 흑인차별 뿐만 아니라 유색인종 특히 동양인 차별에 대해서도 진지한 자세로 성찰하여 변화의 모습을 보여야 한다고 주장함.
	독서와 문법	자신이 아는 것에 대해 친구들에게 설명을 잘해주는 배려심이 돋보임. 교과서 속 예문과 실생활의 다양한 언어활동을 통하여 언어학습의 효과를 높이기 위한 적극성을 보이는 학생임. 특히 지적호기심이 강해서 음운이 결합하면 본래의 소리대로 발음되지 않는 특성을 보인다는 것을 알고 스스로 음운변동의 감상에서 규칙을 찾아낼 수 있을 정도로 문제해결능력이 뛰어남. 또한 문제풀이식 국어공부가 아닌 표준발음과 실제발음의 차이를 보이는 자료를 통해 올바르게 발음하고 표기하는 생활의 중요성을 이해하고 독해능력을 키웠음. 로마자표기법과 외래어표기법 규정을 배우면서 행정구역에서의 음운변화를 탐구하는 과정에서 흥미를 느끼며, 특히 행정구역 음운변화에 예외가 많아서 국립국어원에 온라인으로 질의하고 답을 얻는 적극적인 모습을 보임.
	심화 영어 독해I	외국어 학습에 대한 열의가 남다른 학생임. 수업 시간을 즐거워하며 여러 차례 자발적으로 자신의 의견을 학급에서 발표하고, 쉬는 시간에 교사를 찾아가 질문을 하는 등 적극성이 두드러짐. 스티브 잡스의 프레젠테이션 영상을 시청 후 인상 깊었던 점에 대해 요약하여 영어로 발표함. 'Marvel Feminism : Real or Comic Fantasy?'라는 제목의 뉴스 기사를 직접 찾아서 읽은 후 내용을 요약하고 이에 관한 자신의 생각을 영어로 작성. 영향력 있는 제작사의 사회적 책임에 공감하고 자신의 진로와 연결시켜 감상문을 작성한 점이 인상 깊었음. 이 기사를 바탕으로 'What do you see through cultural contest?'라는 제목의 영어 에세이를 작성함. 문화콘텐츠가 사회적 이슈를 효과적으로 전달하고 사람들의 고정관념을 바꾸어 놓는 계기가 된다는 점에서 긍정적 효과를 가진다는 주장을 구체적인 예시를 들어 전개함.
	세계 지리	'언론이 말해주지 않는 불편한 진실' 독서활동에서 이슬람 세계에 대해 부정적으로 알고 있었던 것에 대해 인식을 전환하게 되었고, 편견적 시각이 얼마나 위험한지 느꼈으며, 언론인으로서 가장 중요한 것이 균형적인 시각임을 다시 한 번 생각하는 계기가 됨.

Memo ▶ 학생의 진로에 대한 고민과 노력은 교과의 특성에 맞춰 구체적으로 드러나고 있다. 특히 사회적 화제가 되고 있는 현상을 수업내용과 연결지어 접근하여 구성하는 모습이 매우 인상적이다. 그 가운데 단순한 사실의 나열에서 그치지 않고, 이와 같은 현상의 기원과 그로 인해 나타날 부작용을 진단한다. 또한 글을 작성하거나 발표를 준비하는 과정에서 학생의 고민이 무엇이었고, 이를 해결하기 위한 방법을 모색하고 있다는 것이 학생의 희망진로에 대한 자질을 충분히 보여줬다고 판단된다.

구분		세부내용 특기사항
3학년	고전	한문소설인 한유의 '사설'과 이곡의 '차마설'에 활용된 전범을 이해하고 각각의 주제와 관련하여 어떤 역할을 하는지 파악하는 학습지를 작성하며 창의적 언어 표현 사례를 분석해봄. 염상섭의 '삼대'에 드러나는 등장인물의 가족관을 근거로 소재의 의미를 파악해봄. 소로의 '월든'을 읽고 19세기 자본주의 사회의 문제가 심화되던 시기에 자연에서 소박하게 살면서 인간적 기쁨을 느끼고자 했던 초월주의 사상에 대한 이해의 폭을 넓힘. 고전소설 '장끼전'을 정독한 후, 양성 평등을 다룬 기사문을 읽고 두 글의 차이점을 정리하였으며 우리 사회가 나아가야 할 방향을 자신의 삶과 연계하여 서술해봄.
	사회문화	장래희망이 아나운서인 학생은 사회문화 현상에 대한 남다른 관심으로 적극적이고 능동적인 학습태도를 보임. 사회문화현상의 탐구과정을 배우면서 모둠 수업의 조장으로 자원하여 주제를 선정하고 가설설정, 질문지 만들기 등 일련의 과정에서 조원들에게 적절한 역할분담을 통해 함께하는 협동학습의 장을 만들었으며, 조원들과의 소통을 중요시해 수업시간 이외에도 의견을 말하고 조율하는 대화의 장을 만드는 모습이 인상적이었음. 모둠학습의 진행과정을 발표함에 있어서도 탁월한 설득력과 발표력을 보임. 사회계층 현상에 대해서 수업하면서 계층구조와 사회이동에 대하여 관심을 가지고 통계자료를 분석하고 해석하는 능력을 키워 다양한 불평등한 현상과 접목하여 발전방향을 모색해 보는 등 자신이 속한 사회에 애착과 관심을 보임.
	생활과 윤리	평소 국제적인 문제에 관심이 깊은 학생으로 수업시간 배운 '차별이 갖는 윤리적 문제를 해결하기 위한 우대 정책 사례와 해결책'을 적극적으로 공부함. 실제로 요즘 영화, 드라마에 소수 인종과 여성 우대 정책으로 이러한 배우들을 많이 캐스팅하려는 추세라는 자신의 생각을 보고서로 작성하여 우대 정책에 대한 이해도를 높이고 깊은 관심을 보임. 또한 수업시간에 배운 심층 생태 중심주의자인 레오폴드의 사상 '모든 유기체는 생명의 연결망 속에서 본래적으로 연결되어 있다.'를 가지고 지구촌 환경 문제인 지구 온난화로 인한 많은 생태계 변화를 일으킬 때 그 작은 변화가 영향력이 미칠 수 있다는 것을 깨달음. 일상에서 스스로 생태주의적인 삶을 살도록 노력하였으며 학생회장으로서 휴지 적게 사용하기 캠페인, 분리수거 퀴즈 이벤트 등을 기획하여 학생들이 생태주의적인 태도를 취할 수 있도록 도움을 줌.

	세계사	학생의 진로와 연관하여 '미디어의 진화와 역사 속 미디어의 활용'이라는 주제로 발표를 제시함. 히틀러와 라디오, 프로야구와 텔레비전 등 정치와 미디어가 결합된 사료를 심층적으로 분석하고, 현대 사회에서 소셜 미디어로 대표되는 뉴미디어가 미치는 영향을 제시하고 전망함. 미디어의 속성과 다양한 미디어 매체에 대한 이해도가 매우 높고, 미디어 커뮤니케이션 전문가로서의 자질이 충분함.

Memo 글이 쓰인 당시의 사회문화적·역사적 배경을 반영하게 되고, 글쓴이가 그 사회를 어떤 시선으로 바라보았는지가 표현된다. 학생은 이를 받아들이는 데에 그치지 않고, 자신의 접근법을 제시하거나, 지금의 사회적, 문화적 상황에 적용하는 적극성을 보여주고 있다. 또한 시대에 따른 인식의 변화가 어떻게 사회적으로 표출되고 있는지를 이해하고 미디어가 어떤 역할을 할 수 있는가를 고찰함으로써, 학생의 지적성장과 전공적합도가 향상되고 있음을 보여준다.

디지털미디어계열 교과세부능력 및 특기사항 예시

구분		세부내용 특기사항
1학년	한국사	'조선 후기 사회신분 질서 변동'에 관한 수행평가에서 교과서 자료를 정확하게 분석하고, 이를 바탕으로 교과 내용을 체계적으로 구조화하고 발표하여 학생들의 이해를 높였음. 또한 발표형식에 있어 학생들이 선호하는 애니메이션을 활용해 조선 후기 사회현상을 창의적이고 참신하게 표현하여 학생들에게 큰 호응을 받았음. 나아가 단순히 교과 내용에만 그치지 않고 오늘날 사회 모순현상을 풍자하는 사고의 확대 과정까지 보여주어 우수한 성적을 받았음. 특히 발표 준비 과정에서 모둠의 조장을 맡아 교과서 외의 자료를 조사 수집하는 과정에서 헌신적으로 정리 제작하였고, 발표 순간까지 모둠원들과 잘 소통하여 모두가 즐겁게 준비하는 리더십을 보여주었음.
	실용영어 I	교과목 회화단원에 나오는 대화내용을 숙지하고 친구들과 실제 상황에서 적용되는 내용들을 익히게 되었고, 지문 그대로가 아닌 상황극을 만들어가며 실전에서도 적응할 수 있는 능력을 배양함.
	음악과 생활	여러 뮤지컬 음악에 대해 조사하고 다양한 작품에 대해 조사하여 '노트르담 파리' 중 뮤지컬 넘버와 '레미제라블' 중 뮤지컬 넘버의 노래의 배경, 내용 등을 친구들 앞에서 재미있게 발표하여 다양한 작품에 대한 정보를 소개하여 친구들에게 좋은 반응을 얻음. 가창 수행평가에서 음정과 박자를 잘 지켜서 불러 친구들을 놀라게 함.

Memo 주어진 과제에서 요구하는 바가 무엇인지 흐름을 읽고, 이를 효과적으로 전달하기 위한 표현방식을 선택하는 데 탁월한 역량을 갖췄음을 보여준다. 한국사 수행평가에서 애니메이션을 기재로 활용한 사례와 실용영어에서 상황극을 연출하는 방식을 통해 수용자의 입장에서 주제를 쉽게 표현하고자 노력한 점이 엿보인다.

구분		세부내용 특기사항
2학년	문학	발표에 적극적으로 참여하였으며, 자신의 생각과 이해한 내용을 조리 있게 정리하여 모둠원과 소통하려는 태도를 보였음. 모둠별로 시를 분석하여 발표하는 과제에서 윤동주의 '쉽게 쓰여진 시'를 선정하여 모둠원과 역할을 분담하고 시를 분석한 자료를 조사하여 자료 제작에 많은 도움을 제공하였음. 시의 분위기에 맞게 시 낭송 영상을 제작하고 편집하였으며, 여러 상징적인 시어의 의미와 수미상관 등의 표현상 특징을 정리한 후 PPT 자료로 제작하여 좋은 평가를 받았음.
	독서와 문법	자신의 진로인 영상 미디어와 관련된 분야의 도서를 찾아보고 독서하는 등 진로에 관심이 많은 학생임. 교과 독서활동을 하면서 영상 미디어를 편집 방법이나 다양한 1인 미디어 크리에이터를 알아보는 등 영상 편집에 관하여 많은 관심을 가지고 다양한 자료를 검색하거나 수집하는 등의 활동을 하고 있음.
	영어 독해와 작문	소설 발표하는 수업에서 'Oliver Twist'라는 책을 선정하여 역할을 분담하고 PPT 제작을 맡아 등장인물, 줄거리, 시대상황 등을 간결하게 정리하여 제작함. 특히, 등장인물을 소개하는 발표를 맡아 자신감 있는 목소리로 발표하여 좋은 평가를 받음. 또한 음모론에 대해 소개하는 발표에서도 발표 자료에 나오는 내용에 적절한 이미지와 효과음을 사용하여 재치 있게 발표를 진행함. 음모론의 의견을 말하면서 유머 있는 답변으로 호응을 이끌어 냄.
	세계사	나라 소개활동에서 아르헨티나를 선정하여 1년간 나라의 기본정보, 음식, 문화, 여행 정보 등의 자료를 수집하여 PPT를 방송 시나리오로 작성하여 발표함. 다른 조들과는 다르게 현지인과 인터뷰하는 상황극을 바탕으로 소품을 활용하는 새로운 발표방식을 보여 좋은 평가를 받음.
	정보	동영상 편집과 제작 그리고 가상현실 분야에 관심이 많고, 가상현실 기술 또는 가상현실 기기가 다양한 영역에서 활용될 것으로 긍정적인 전망을 함. 교과 시간에 제시한 온라인 코딩체험에 참여하여 입문, 초급, 중급, 알고리즘 등의 과정을 수행하며, 평소 관심이 있었던 프로그래밍의 체험에 뿌듯함을 느낌. 자동화의 동작원리를 보다 쉽게 이해할 수 있어서 코딩에 깊은 호기심과 흥미를 갖게 됨.

Memo 학생의 관심 분야에 대한 활동은 교과 수업 가운데 프레젠테이션을 하는 과정에서 돋보이고 있다. 발표주제에 맞춰 내용을 요약하고 정리해 과제를 수행하는 데 그치지 않고, 진로역량을 성장하기 위한 기회로 삼고 있음을 엿볼 수 있다. 독서와 문법 교과세특에서 설명된 1인 미디어 크리에이터에 대한 관심은 문학수업에서 전달하고자 하는 바를 효과적으로 표현한 시 낭송 영상을 제작하고 편집하는 과정에서 더욱 증대되었다. 실제로 주제선정 후 준비과정과 촬영편집까지 오랜 시간을 필요로 하는 다큐멘터리 제작과정과 유사하게 드러나는 세계사 수업시간 '나라 소개활동'은 학생의 전공적합도를 확장하는 사례로 평가된다. 또한 미디어 기술을 활용하기 위한 기본과정을 정보수업 시간 학습을 통해 습득하고 적용하는 모습은 학생의 희망진로와 연결한 성장의 가능성을 시사하고 있다고 평가된다.

구분		세부내용 특기사항
3학년	화법과 작문	도서 지문 분석 발표시간에 '댐 건설이 지구 자전속도에 미치는 영향'의 과학 지문을 분석하면서 지구 자전축에 질량이 가까이 있을수록 지구의 자전속도 감소 정도를 완화시킨다는 내용을 친구들에게 쉽게 설명함. 피겨스케이팅에서 회전할 때 팔을 중심으로 모아 중심축에 가깝게 만들었을 때 회전속도가 빠르다는 것을 영상을 보여주면서 설명하여 친구들을 이해시키는 모습이 돋보임. '미디어 리터러시' 책을 선정하여 미디어의 발달로 유해한 영상을 접할 수 있는 확률이 높아지고, 영상 중독으로 인한 청소년과 부모 사이에서 갈등이 발생함을 깨닫고 미디어를 효과적으로 활용할 수 있는 방법을 익힘. 친구들에게 미디어 리터러시에 관한 내용을 책 내용과 함께 설명해 분별력 있게 시청할 수 있는 방법과 미디어로부터 자료를 효과적으로 찾는 방법을 안내하여 친구들에게 좋은 반응을 이끌어 냄.
	영어 회화	디지털 공간 속 가상공간에 관련된 지문을 읽고 가상현실과 증강현실이 디지털 공간에서 어떻게 구현되는지 알기 위해 '증강현실을 통해 말하는 마술 같은 이야기' TED 강연을 들어봄으로써 기술의 발전으로 미디어 콘텐츠의 전달력이 매우 높아지게 되었음을 알게 됨. 특히, 미디어 콘텐츠로 한류산업을 세계화로 성공시킨 BTS의 성공한 이유를 찾아보고 보고서를 작성할 만큼 자신의 진로에 강렬한 열정이 있는 학생임. 디지털 공간 속에서 실시간 소통이 가능한 매체를 적극적으로 활용하여 해외 팬들까지도 포용할 수 있도록 미디어 플랫폼에 꾸준히 영상을 업로드하고 우상에서 친구 같은 이미지로 소소한 모습까지 촬영하고 게시하는 활동을 통해 의사소통의 중요성을 깨닫게 되었다고 함. 미디어 플랫폼의 활용방안과 세계화가 가능하도록 하여 인기 있는 콘텐츠를 제작해내는 것의 중요함을 깨닫고, '미디어리터러시와 자기표현, 읽기 능력 증진'에 관한 자료를 찾아 읽은 후 이를 발표하고 보고서를 제출함.

Memo ▶ 오늘날 매체의 다변화로 소통과 표현의 방식은 하루가 다르게 진화하고 있다. 학생의 이를 이해하고 활용하고자 하는 노력은 진로희망에 대한 적극성으로 평가받을 만하다. 독서는 가장 기본이 되는 정보습득의 창구이고 지식 확장의 기반이기도 하지만, 목적과 용도에 따라 많은 콘텐츠를 제공한다. TED는 앞으로의 변화를 예측하고 그 대응방안을 모색하는 일에 매우 유용한 매체이다. 댐 건설이 지구자전에 미치는 영향을 피켜스케이팅과 연결하여 내용을 이해하고 이를 설명한 점이 돋보인다. 분별력 있게 미디어를 시청할 때의 이점 등 미디어의 활용법에 대해 교육의 필요성을 안내하였으며, 미디어가 앞으로 가상현실과 증강현실과 접목되어 발전될 수 있는 다양한 분야까지 이해하고 조사하는 모습이 돋보였다. 특히 세계화를 위한 자신만의 콘텐츠의 중요성을 인식하고 이를 함양할 수 있는 능력을 익히려는 모습들을 보면 발전이 기대되는 학생이다.

언어문화계열
진로 사용설명서

대학에 들어가서
수강하는 과목

Q 언어문화계열 학과에 진학하기 위해서는 어떠한 활동을 하는 게 좋을까요?

A 언어문화계열로 진학하기 위해서는 다양한 언어를 접해보는 것이 좋습니다. 또한 언어를 그 자체로만 바라보지 말고 언어의 문화에 대해서 접해보는 계기를 마련하는 것이 좋습니다. 창의적 체험활동을 문화적인 측면과 언어적인 측면에서 여러 가지 방법으로 접할 수 있는 활동을 한다면 언어문화 계열 학과에 진학하는 데 도움이 될 것입니다. 언어를 외우는 것에만 치중하지 않고 언어를 이해하기 위해 문화 등 관련된 부분에 대해서 공부하는 방법도 중요합니다.

Q 언어문화계열로는 무슨 학과가 있나요?

A 국어국문학과, 중어중문학과, 영어영문학과, 일어일문학과, 노어노문학과 (러시아학과), 스페인학과, 불어불문학과, 독어독문학과 등 다양한 학과가 있습니다.

Q 언어문화계열에서는 어떠한 것을 배우나요?

A 관련학과의 문화나 문학, 언어 등 다양한 방면으로 배울 수 있습니다. 이제 언어문화계열의 학과를 자세히 들여다볼까요?

국어국문학에서 수강하는 대표 과목은?

🖊 국어사

국어의 계통과 형성, 문자 체계를 먼저 살피고 이어 국어의 역사를 시대별로 배운다.

🖊 한국문화의 이해

선사시대부터 일제 강점기까지 시대 순으로 폭넓은 범위의 한국 문화를 배운다.

🖊 한국어학의 이해

한국어를 연구대상으로 하여 한국어의 특징이 무엇인지를 밝히고 배운다.

🖊 한국고전시가론

한국고전시가를 대상으로 시대·작자·양식별로 고찰하고, 표현·내용·문학사적 가치에 대해 배운다.

🖊 한국어음운론

한국어의 각종 발음기관, 음성과 음운 단위, 음운 규칙, 음운 상호 간의 대립 관계 등을 학습한다.

✎ 한국어 문법의 이해

넓은 의미의 문법은 음운론, 형태론, 통사론, 의미론으로 하위분류되는데 이 중 형태론과 통사론이라는 좁은 의미의 문법에 대해 배운다.

✎ 한국현대문학개론

한국현대문학을 연구하는 방법론적 기초를 쌓기 위해 한국 현대문학의 양상과 특성 등에 대해 배운다.

✎ 한국고전소설론

한국고전소설을 시대에 따라 관찰하여 각각의 작품 특성과 타 작품과의 연관성에 대해 배운다.

✎ 한국고전문학개론

한국고전문학의 발달 과정과 특성을 살펴보고 그 개념과 연구방법에 대해 배운다.

Q 국어국문학과는 어떤 학과인가요?

A 우리나라의 언어와 문학을 깊이 있게 연구하여 올바른 한국문학의 전통을 확립하고자 하는 학문 분야입니다. 우리말과 글의 문법, 외국어와 다른 구조 및 변천사 등에 대한 공부를 하며 고전문학에서 현대문학까지 시, 소

설, 수필, 희곡, 평론 등 다양한 문학 작품의 작가에 대해 연구합니다.

Q 국어국문학과와 관련학과에는 어떠한 학과들이 있나요?

A KFL전공, KFL학부, 국어국문문예창작학부, 국어국문전공, 국어국문창작학과, 국어국문창작학부, 국어국문창작학전공, 글로벌한국학과, 글로벌한국학전공, 한국어문화전공 등이 있습니다.

Q 국어국문학 관련 자격증에는 어떠한 것들이 있나요?

A 국가자격으로 박물관 및 미술관준학예사, 중등학교 2급 정교사가 있습니다. 민간자격으로는 논술지도사, 독서지도사, 아동독서지도사, 시니어독서지도사, 독서코칭전문가, 독서논술지도사, 국어능력인증시험, 한국어교육능력검정시험 등이 있습니다.

Q 세상에는 다양한 언어들이 존재하지만, 그 어떤 언어가 우월하다고 말할 수는 없습니다. 하지만 한글이 우수하다는 주장을 해야 한다면 어떠한 근거를 들어 설명해야 할까요?

A 먼저 한글은 세계에 존재하는 언어들 중 유일하게 창제자를 알 수 있는 언어이며 세계 그 어떤 언어라도 한글로 완벽하게 발음을 할 수 있습니다. 그리고 우리나라의 문맹률은 단 1% 미만으로 다른 나라와 비교했을 때 매우 낮은 문맹률을 자랑합니다.(카자흐스탄은 98%)
마지막으로 한글은 순서를 뒤바꾸어 쓰더라도 한국 사람이라면 읽을 수 있다는 장점이 있습니다. 예를 들면
「지처금럼 네자글씩 순바서꿔 써돼도요.
이하상게 한인국은 읽수을가 있든거요.」

어떻게 읽으셨나요? 「지금처럼 네글자씩 순서를 바꿔 써도 돼요. 이상하게 한국인은 읽을 수가 있거든요.」

올바르게 읽어지나요? 이러한 점을 들어 한글의 우수성이라고 할 수 있어요.

노어노문학에서 수강하는 대표 과목은?

🖉 러시아문학사

러시아 문학사의 흐름과 주요 문예 사조에 대해 이해하고 주요 작가와 작품에 대해 배운다.

🖉 러시아문화사

사회-문화사적 맥락에 주목하여 러시아 역사를 학습함으로써 러시아 사회발전과 문화변동의 내적 동인 및 러시아 사회와 문화의 정체성에 대해 배운다.

🖉 러시아어 음성학

러시아어 음의 조음과 청취를 이론적으로 체계화하고 실제적으로 훈련함으로써 청취 능력을 기르고 정확한 조음 요령에 대해 배운다.

📝 러시아어 어원탐구

러시아 문화 속에 용해되어 있는 민간의 어원과 러시아인의 정체성을 탐구함으로써 보다 깊이 있는 러시아어에 대한 지식을 배운다.

📝 러시아문화의 이해

러시아 문화에 대한 전반적인 이해를 목적으로 한다. 일상생활을 통해서 나타나는 러시아 생활문화를 주로 살펴봄으로써 러시아의 전반적인 문화에 대해 배운다.

📝 러시아문학 비평론

러시아 문학 평론가들을 중심으로 러시아 비평의 여러 흐름들을 개관하고, 비평의 종류, 작품과 비평과의 관계, 작가와 비평가의 위상 등에 대해 배운다.

📝 러시아문학 배경론

러시아 문학 형성에 영향을 준 사상적, 사회적 배경과 작품의 배경을 이루고 있는 정치, 경제, 사회, 종교 등에 대해 배운다.

Q **노어노문학과는 어떤 학과인가요?**

A 노어노문학은 러시아권 문학과 언어문화를 연구하는 학문입니다. 노어의 구조, 문법, 의미 등 노어학 관련 이론을 공부함으로써 노어를 바르게 말

하고 쓰는 능력을 배웁니다. 읽고 말하고 쓰는 실용 노어뿐 아니라 러시아 소설의 양대 거장 톨스토이, 푸시킨과 낭만주의 등 러시아의 유명한 작가들의 작품에 대한 분석을 통해 이들의 정서와 문화, 그리고 노어의 다양한 표현들을 익히게 됩니다.

Q **노어노문학과에 관련된 학과들이 많이 있을까요?**

A 노어과, 노어러시아학과, 노어학과, 러시아·중앙아시아학부, 러시아·터키중앙아시아학부(러시아언어통상전공), 러시아어통번역학과, 러시아통상전공, 유럽문화학부(러시아어문학전공) 등이 있습니다.

Q **노어노문학과에 진학하면 도전할 수 있는 자격증에는 어떤 종류가 있나요?**

A 국가자격으로 관광통역안내사(러시아어), 국내여행안내사, 외국어번역행정사 등이 있습니다. 민간자격으로는 FLEX러시아어, SNULT러시아어, 한국문학러시아어번역사 등이 있습니다. 해외자격으로는 러시아어능력시험(TORFL)이 있습니다.

중어중문학에서 수강하는 대표 과목은?

✏ 중국어권문화

중국이 어떤 문화를 창출하고 전파함으로써 주변 국가 및 민족들을 어떻게 지배해 왔는지를 고찰하고 이러한 문화적 환경 속에서 우리는 무엇을 해야 하는가 등을 배운다.

✎ 중국어회화

중국인들이 자주 쓰는 표현들을 중점적으로 학습하고 다양한 예문을 암기하도록 지도함으로써 회화 능력을 배운다.

✎ 한중통역

중국어를 한국어로, 한국어를 중국어로 통역할 수 있는 능력을 배운다.

✎ 중문학개론

중국 문학의 의의, 생성 과정, 문학의 분류, 문학 발전의 단계 등을 개괄적으로 취급하여 광범위한 중문학 연구에 기본이 되는 문학 이론을 배운다.

✎ 중국의 이해

중국의 저력을 이해하기 위하여 중국의 정치, 경제, 외교 등에 관련된 중국의 여러 문제들에 대해 배운다.

✎ 중국문학사

선진으로부터 근대까지 중국 문학의 생성 배경, 변천 과정을 시대별로 고찰하고 각 시대의 정치, 사회 여건에 따른 문학 특성을 중점적으로 배운다.

중국 고대의 대표적 사상가들의 저작을 강독하여 학파를 이룬 유형별 이론과 사상에 대해 배운다.

중국의 명, 청 소설 중 사대기서(삼국지, 서유기, 금병매, 수호지)의 분석을 통해 중국인의 문화와 역사에 대해 배운다.

Q 중어중문학과는 어떤 학과인가요?

A 매우 높은 성장 잠재력을 지닌 중국은 이미 최강대국 미국과 어깨를 나란히 하는 G2 국가로서 세계무대에서 확고한 위치를 차지하고 있습니다. 중어중문학과는 중국의 문학과 언어에 대한 심도 있는 소양을 갖춘 중국 전문가를 배출하고자 합니다.

또한 체계적인 중국어 지식뿐 아니라 중국 문화권의 역사, 사회, 문화, 경제와 관련된 다양한 분야를 배웁니다.

Q 중어중문학과에 관련된 학과들이 많이 있을까요?

A 관광중국어학과, 글로벌지역문화학과(중국지역전공), 동아시아학부(중어중문학전공), 아시아문화학부(중국어문학전공), 중국어교육과, 중국어권지역학전공, 중국통상·문화학과 등이 있습니다.

Q 중어중문학과에 진학하면 도전할 수 있는 자격증에는 어떠한 종류가 있나요?

A 국가자격으로 관광통역안내사(중국어), 국내여행안내사, 국제의료관광코디네이터, 외국어번역행정사 등이 있습니다. 민간자격으로는 FLEX중국어, SNULT중국어, 국제의료서비스코디네이터, 중국어지도사, 한국문학중국어번역사, CUFS중국어번역사 등이 있습니다. 해외자격으로는 중국어능력시험(HSK, CPT)이 있습니다.

영어영문학에서 수강하는 대표 과목은?

✎ 영어음성학

음성적인 측면과 청각적인 분석으로 정확한 영어 발음을 배운다.

✎ 언어학개론

언어에 대한 호기심을 증진시키고 역사적 관점과 현시점에서 언어의 여러 가지 측면을 과학적으로 이해하도록 배운다.

✎ 영문법 개론

영어의 어형 구조, 어휘 사용, 음운, 통사, 의미 및 활용규칙 등과 같은 영문법의 기초지식을 토론과 강의를 통하여 배운다.

✎ 영미희곡

영미 희곡의 발달 과정을 개관하고 현대의 주요 작품을 상세히 연구·분석하여 영미 희곡문학의 올바른 이해와 감상을 배운다.

✎ 영미시 개론

기본적인 작시법을 이해시키고 대표적인 작품의 분석을 통하여 영시의 기본 구조와 체계에 대해 배운다.

✎ 영미소설

영미의 주요한 작가들과 그들의 작품을 토대로 문학을 올바르게 이해하며 동시에 작품의 주제 및 작품의 특징과 작가의 사상을 배운다.

✎ 영미비평

영미문학의 모든 분야에 대해 이론적인 것들을 배운다. 예를 들어 신비평, 포스트 모더니즘, 페미니즘과 같은 여러 이론들은 개별 작품을 설명할 수 있도록 배운다.

✏️ 영미문학사

영미문학의 출발점부터 오늘날까지 시대별로 분류해서 각 시대의 작가와 대표적인 작품 해석을 함으로써 영미문학과 문화 등을 배운다.

Q **영어영문학과는 어떤 학과인가요?**

A 영어영문학과는 우리 생활에 밀접한 '영어'로 의사소통하는 법을 체계적으로 배울 뿐만 아니라 영어학·문학 및 영미 문화에 대해서도 탐구합니다. 이처럼 체계적인 교육과정을 거쳐 궁극적으로 영미어·문학 분야 인재를 배출합니다.

Q **영어영문 관련학과를 알고 싶어요!**

A EICC학과, TESOL영어과, 관광영어통역전공, 국제통상영어전공, 글로벌지역문화학과(영미문화전공), 글로벌 커뮤니케이션 영어전공, 비즈니스영어전공, 실용영어학과, 영어통상통역학과, 항공비즈니스영어학과 등이 있습니다.

Q **영어영문학과에 진학하면 어떠한 자격증에 도전할 수 있나요?**

A 국가자격으로 관광통역안내사(영어), 국내여행안내사, 외국어번역행정사 등이 있습니다. 민간자격으로는 FLEX영어, SNULT영어, 한국영어검정, 무역영어, 영어지도사, 한국문학영어번역사, CUFS영어번역사 등이 있습니다. 해외자격으로는 영어능력시험(TOEIC, TEPS, TOEFL) 등이 있습니다.

베트남어학에서 수강하는 대표 과목은?

✎ 배트남학 개론

베트남의 정치, 경제, 사회, 역사 등 전반에 관한 개괄적인 이해능력을 배운다.

✎ 베트남 역사탐구

역사를 통한 베트남 이해능력을 배운다.

✎ 베트남사회문화

전통에서 현대에 이르는 베트남 사회와 문화 학습을 통해 탐구한다.

✎ 베트남어 회화

외국인 교수와 직접 대화를 통해 정확한 발음구사 및 일상생활에 필요한 베트남어 회화능력을 배운다.

✎ 베트남어 문법, 작문, 독해

기초 베트남어를 배운 문법지식과 기본문형을 토대로 하여 표현능력을 배양한다.

✎ **베트남어 언어실습**

다양한 언어실습기재를 활용해서 베트남어의 정확한 발음을 배움으로써 청취능력과 표현능력을 기른다.

✎ **베트남 지리탐구**

베트남 지리 학습을 통한 베트남을 이해할 수 있는 능력을 배운다.

Q **베트남어과는 어떤 학과인가요?**

A 베트남의 언어와 문화에 대한 학문 탐구를 통해 베트남의 어문학을 익히고 이해하며 전문적인 이론과 지식을 습득하도록 하고 있습니다. 베트남어과는 현장 적응능력이 뛰어난 베트남 지역 전문가를 배출하는 데 중점을 두고 있어 이를 위해 베트남어를 기초로 한 베트남 정치, 경제, 사회, 문화, 역사 등 다양한 분야의 지역학을 연구합니다.

베트남어과 전공 과정을 통해 습득한 언어 및 지역학 능력과 경영, 국제통상 등 이중전공을 통해 얻은 국제적 감각 및 지식을 덧붙여 졸업생 대부분은 대기업의 베트남 지사나 국내의 본사에서 베트남 관련 업무를 담당하고 있습니다.

학과는 이에 만족하지 않고 전공에 대한 관심과 노력을 더욱 증대시켜 투자 및 통상과 관련된 높은 수준의 지식을 적극적으로 습득하는 국제적 전문가로서의 자질을 갖출 수 있도록 노력할 것입니다. 이를 통해 향후에도 베트남어과 졸업생들은 적극적이며 창조적인 전문 인력으로서 우리 사회에서 중추적이고 핵심적인 역할을 담당하게 될 것입니다.

Q 베트남어 관련학과를 알고 싶어요.

A 동남아창의융합학부, 동아시아언어문화학부, 동양어문학과, 러시아·중앙
아시아학부(터키·중앙아시아어전공), 말레이·인도네시아어통번역학과, 말레
이인도네시아어과, 미얀마어과, 베트남·인도네시아학부, 베트남어과, 아시
아언어문명학부, 아시아언어문명학부(동남아시아언어문명), 인도네시아·말레
이시아어과 등이 있습니다.

Q 베트남어과에 진학하면 어떠한 자격증에 도전할 수 있나요?

A 국가자격으로 관광통역안내사, 국내여행안내사, 한국어교원자격증 등이 있
습니다. 민간자격으로는 베트남어 자격증(TNTV), FLEX 베트남어(졸업인
증) 등이 있습니다. 해외자격으로는 베트남어능력시험(OPI, OPIc, ABC)이
있습니다.

Q 베트남어는 접하기 어려운데 어떻게 접할 수 있나요?

A 베트남어를 배우고 읽고 쓸 줄 아는 수준까지 되기는 힘들 수 있다고 생각
하지만 일상생활 속에서 베트남어를 접하는 것은 생각보다 어렵지 않습니
다. 시내에만 나가도 베트남 음식점이 있습니다. 그리고 우리가 일반적으로
알고 있는 베트남의 유명한 음식(반쎄오, 분짜, 퍼) 등을 보면 우리는 생각보
다 많은 베트남어를 알고 있습니다.

또, 교통과 통신이 발달하여 베트남으로 여행을 가기도 하는데, 여행을 가
게 된다면 많은 베트남 간판들을 볼 수 있고 베트남 사람들과 며칠 동안 같
이 살아가며 일상 속에서 쓰이는 간단한 말들을 듣고 활용해보기도 합니
다. 베트남어는 영어나 중국어에 비해 접하기 어려운 단어인 것은 맞지만 직
접 경험하고 체험해보면 쉬운 언어 중 하나라고 생각합니다.

아랍어학에서 수강하는 대표 과목은?

✏ 아랍어작문

다양한 패턴의 문장 구조를 집중적이고 반복적으로 교육하여 모든 문장을 아랍어로 작문할 수 있도록 배운다.

✏ 아랍어학개론

아랍 언어학의 일반 개념과 특히 음성학, 형태론, 통사론, 의미론, 방언학, 아랍어 교수법 등에 대해 배운다.

✏ 아랍어회화

일정한 주제 속에서 회화를 연습하는 틀에서 벗어나 아랍어 회화가 가능하도록 다양한 주제에 대한 기본적이고 필수적인 표현을 배운다.

✏ 아랍인물연구

아랍인으로서 아랍 세계와 이슬람 세계, 그리고 서구 사회에 지대한 영향을 끼친 인물에 대해 배운다.

✎ 아랍정부와 정치

아랍 국가들의 정부 형태와 조직, 그리고 정치 상황 등을 교육하여 아랍 국가 전반에 관해 배운다.

✎ 아랍문화사

아랍의 문화적 측면(역사, 종교, 사상, 관습 등)을 배운다.

✎ 이슬람역사

이슬람 성립·전파와 발달의 역사를 배운다.

Q **아랍어학과는 어떤 학과인가요?**

A 아랍어는 아라비아어라고도 하며 마호메트의 출현 이후 현재까지 문학의 언어로써 사용되는 아라비아 반도의 귀중한 문화적 유산입니다. 따라서 아랍어는 셈 어족에서 가장 중요한 언어이며 세계적으로도 중요한 언어입니다. 아랍어학과는 아랍어를 구사할 수 있는 인재, 아랍 이슬람 문화에 관한 기본 지식을 갖춘 인재, 중동 지역의 정치, 경제, 사회를 읽을 수 있는 인재를 양성하는 데 교육목표를 두고 있습니다.

Q **아랍어 관련학과를 알고 싶어요.**

A 아랍어과, 아랍어통번역학과, 이란어과, 중동·지중해지역학부 등이 있습니다.

Q 아랍어학과에 진학하면 어떠한 자격증에 도전할 수 있나요?

A 국가자격으로 관광통역안내사, 국내여행안내사 등이 있습니다. 민간자격으로는 FLEX 아랍어(졸업인증) 등이 있습니다.

졸업해서
나아갈 수 있는 분야

작가 분야

➡ 게임스토리 작가

"컴퓨터 게임 개발을 위해 필요한 게임 시나리오를 구성하고 개발하는 일을 하는 작가."

❖ **게임을 구성할 때, 특정한 상황이 있는 게임과 일상적인 내용이 담긴 게임 중 어떤 게임의 스토리 전망이 좋을 것 같나요?**

게임을 구성할 때 특정한 상황을 만들어 놓고 하는 것보다 모두가 편안하고 재밌게 게임을 사용할 수 있는지가 더 중요한 부분이라고 생각합니다.

실제로 어떤 게임은 특정한 상황에 놓인 것이 아닌 섬에서 평범하게 과일을 따고 낚시를 하는 등 여유로운 삶의 모습을 보여줍니다. 특정 상황에 놓여 있는 것보다는 사람들이 사는 이야기를 담은 게임의 사용률이 증가할 것으로 보입니다.

❖ **게임의 스토리를 만들 때, 캐릭터 각자의 이야기와 전체적인 배경 이야기 중에 무엇이 기본이 되어야 한다고 생각하나요?**

게임의 스토리를 만들 때 전체적인 배경 이야기가 기본이 되어야 한다고 생각합니다. 개개인의 스토리는 배경 이야기에 근거하여 자유롭게 바꿀 수 있고 게임을 사용하는 유저가 캐릭터의 이야기가 마음에 들지 않으면 교체할 수 있습니다. 하지만 게임의 전체적인 배경 이야기를 바꾸려면 달라진 배경에 대한 캐릭터들의 이야기도 바뀔 것이기 때문에 배경에 근거하여 캐릭터를 만드는 것이 올바르다고 생각합니다.

➡ 기술 작가

"매뉴얼을 쓰는 작가들은 매뉴얼라이터(Manualwriter), 좀 더 넓은 범위로 해석할 경우 '테크니컬라이터[기술적인(Technical)+작가(Writer)의 합성어]로 매뉴얼을 비롯한 기술문서(매뉴얼, 제안서 등)를 전문적으로 작성하는 작가."

❖ 과학기술이 발달하여 제품의 설명서를 글 외에 다른 매체로 전달한다면 어떤 방법으로 하는 게 좋을 것 같나요?

글 외에 다른 매체로 전달한다면 상품을 개봉하자마자 자동으로 틀어지는 자막이 있는 홀로그램으로 하는 것이 좋다고 생각합니다. USB나 인터넷은 노인분들이나 가정적으로 형편이 부족한 가정에서 사용하는 것에는 한계가 있고 종이를 계속하여 사용하게 된다면 언젠가는 환경오염의 위험으로 불가능하게 될지도 모릅니다. 환경도 생각하고 장애인들도 쉽게 볼 수 있고 4차 산업 혁명에 적응하지 못한 취약계층까지 모두가 사용할 수 있도록 자막을 포함한 홀로그램 동영상이 적합하다고 생각합니다.

❖ 일반인들에게 어려울 수 있는 과학적 용어는 어떻게 쉽게 풀어내어야 사람들이 쉽게 이해하고 그 물건의 매출을 올릴 수 있을까요?

과거에 사용하였던 물건이나 현재 사용하고 있는 물건과 비교하거나 유사하다는 설명을 하면 일반인들이 쉽게 이해할 수 있을 것 같습니다. 예를 들어 요즘 농촌에서 일반화하려고 노력 중인 '스마트팜'은 센서를 설치하여 농장을 전반적으로 관리하는 것인데, 센서 노드로부터 들어온 데이터를 종합하고 연산하여 올바른 제어를 할 수 있도록 신호를 보내주는 역할을 하는 것이 바로 통합 제어기입니다.

데이터 처리 능력을 갖춰야 하는 시스템은 보통의 PC에 전용 SW를 설치하여 NAS 방식으로 사용됩니다. 보통 일반인이 이해하기에 어렵거나 생소한 단어들이 많습니다. 그래서 이러한 4차 혁명의 기술을 일반인이 알기 쉽게 설명하려면 현재 사용 중인 빅데이터 기술이나 IOT 기술에 빗대어 설명한다면 사람들이 이해하기가 수월할 것입니다.

➡ 브랜드매니저

"브랜드 매출, 상품, 환경, 경쟁사, 자사 강점을 포함한 자료 수집 및 분석하여 중장기적인 플랜을 수립하고, 트렌드를 높이는 전략적인 방법을 수립하는 사람."

❖ 어떠한 물건을 고객들에게 판매한다면 장점과 단점 중 어떤 것을 강조하는 게 좋을까요?

판매량을 기준으로 생각하여 물건을 광고한다면 당연히 장점을 부각하는 게 올바르지만 판매량이 아닌 고객들의 평점이나 재구매율을 생각한다면 조금 다르게 생각해볼 필요가 있습니다. 계속하여 장점만을 강조하는 것이 아닌 이 상품은 이러한 단점은 있지만 가성비도 좋고 장점도 많은 상품이므로 추천한다는 쪽으로 말합니다. 장점과 단점을 솔직하게 알리는 것이 좋습니다.

❖ 자신을 한 브랜드라고 생각한다면 얼마의 가치를 매기고 싶나요?

나 자신을 한 브랜드라고 생각한다면 무작정 높은 가격을 매기는 것이 아닌 꼭 필요한 양의 돈이 되고 싶습니다. 예를 들어 시중에 판매되는 대부분의 물품 가격은 9900원, 19900원 등과 같이 100원이 모자란 느낌이 듭니다. 그래서 저는 100원의 공백을 채워 완전한 수를 만들어주는 100원이라는 가치를 저에게 매기고 싶습니다.

언어 분야

➜ 언어재활치료사

"언어(의사소통)와 관련된 장애를 진단, 중재 및 재활하는 사람."

다루는 언어장애의 유형은 크게 신경언어장애, 유창성장애, 언어발달장애, 조음음운장애, 음성장애로 구분할 수 있으며, 청각장애인이나 삼킴장애, 언어와 관련된 학습장애(대표적으로 난독증), 다문화가정 아동의 언어발달 문제 등을 다루기도 한다.

❖ 어떤 과정을 거쳐서 이 일을 하게 되었나요?

보통 언어치료사로 근무하기 위해서는 대학에서 언어 재활이나 치료 관련학과에서 공부해야 합니다. 졸업 이후에는 보통 언어치료사라는 국가고시 자격증을 취득할 수 있습니다. 2급 자격증의 경우 최소 전문대에서 관련학과 전공을 한 경우 응시할 자격이 있고, 1급의 경우에는 대학원에서 언어재활 분야의 석사나 박사 학위를 따고 현장에서 1년 이상의 경험이 있거나 언어 재활 분야 학사학위와 3년 이상의 현장경험을 가진 경우 응시할 자격이 생깁니다.

하지만 자격증을 취득한다고 해서 바로 전문가로서 일을 할 수 있는 것은 절대 아닙니다. 시험 응시 자격 요건에도 경험이 명시되어 있는 만큼 이 분야에서 제일 중요한 것은 경험이라 할 수 있습니다. 어떤 경우는 대학에서는 언어학을 공부했는데 졸업 후 언어 치료에 관심을 가져 대학원에서 언어 치료를 공부하기도 합니다. 이후 병원에서 실습을 마치고, 복지관에서 2년 동안 근무하며 경험을 쌓은 후 1급 자격증을 취득할 수 있습니다.

❖ 이 일은 전공과 어떤 관련이 있나요?

언어학은 어떻게 소리가 나는가부터 시작해서 왜 이런 말이 만들어졌는지, 어떻게 구성되는지에 관한 과정을 언어에 대해 하나하나 따져보고 공부하는 학문입니다. 다른 학문들은 언어를 수단으로만 생각하고 이해하지만 언어학에서는 언어 그 자체가 목적이고 목표입니다. 언어학과 언어 치료는 언어를 다룬다는 점에서는 공통점이지만 언어를 배운다고 해서 언어장애를 치료할 수 있는 것은 아니기 때문에 차이가 있습니다. 하지만 근원을 파고 들어가는 섬세하고 꼼꼼한 학문인 언어학을 공부하는 것이 언어 치료를 공부하는 데 분명히 도움이 되는 것은 사실입니다.

❖ 어른에 비해 생각하는 것이 미숙한 어린아이들을 치료할 때 가장 우선시돼야 하는 것은 무엇이라고 생각합니까?

아이들을 치료할 때는 아이들이 치료라고 생각하기보다는 일종의 재미있는 놀이라고 생각하게끔 어둡고 조용한 분위기보다는 밝고 활기찬 분위기 속에서 치료가 이루어져야 합니다. 예를 들어 발음을 교정하기 위해 동요를 부르거나 동화를 읽는 등 일상에서 우리가 하고 있는 일들을 방법으로 사용하여 치료에 사용하는 것이 좋습니다.

❖ **최근에는 말더듬이나 조음 장애로 언어재활을 하는 사람의 수가 증가하고 있는데, 이 직업에 대한 미래전망은 어떤가요?**

워크넷 이색 직업정보에 따르면 최근에는 발음 교정을 위해 찾아오는 사람이 증가하고 있습니다. 또한 정부에서 복지정책을 강화하려는 의지와 언어 장애에 대한 사회의 인식이 조금씩 달라짐에 따라 교육이나 치료에 대한 관심과 수요가 높아질 것이라는 전망이 있습니다. 본래 상담이나 치료 전문직은 사회 복지와 생활수준이 향상될수록 수요가 증가하고 치료사들에 대한 대우도 좋아지기 마련이므로 희망적임을 예측해볼 수 있습니다.

➜ 인지과학연구원

"인간의 지능, 인식에 대한 연구를 수행하는 학자."

인지과학연구원은 컴퓨터 모사, 신경영상학, 정신물리학, 프로토콜 분석 등의 연구 방법을 사용하여 인간의 인지와 감성, 기타 응용 분야를 다학제적인 접근 방법으로 연구한다.

❖ **직무내용은 어떻게 되나요?**

인간의 인지에 대하여 연구하는 경우에는 인간의 감각·지각·주의 정보 처리, 운동 조절 정보 처리, 학습·기억 정보 처리, 언어 정보 처리, 고등 사고 정보 처리, 인지 신경 정보 처리, 인지과학 응용 등에 대한 연구를 수행합니다. 인간의 감성에 대하여 연구하는 경우에는 감성 측정·평가·이론, 감성 심리·생리, 감성 디자인·콘텐츠, 감성 융합, 감성 의류·산업·환경 등에 대한 연구를 수행합니다.

이를 위해 철학·심리학·언어학 등 다양한 인접 학문을 응용하여 다학제적인 연구를 수행하고 연구를 수행하기 위하여 컴퓨터 모사, 신경영상학, 정신물리학, 프로토콜 분석 등의 연구 방법을 사용합니다. 연구원이 수행하는 일반적인 업무를 수행하며 법률 연구를 통해 생활인과 소비자의 법률 문제를 해결하는 일을 하기도 합니다.

❖ 이 직업의 미래전망은 어떤가요?

인지과학연구원은 주로 국책연구소 및 대학 등에서 연구·개발 업무를 하고 있습니다. 정부에서는 감성 기술을 다양한 비즈니스 창출이 가능한 기술, 산업 간 파급 효과가 큰 기술이라고 여기고 있습니다. 특히 국가가 주도해야 할 미래 6대 기술 중 하나로 감성 기술을 선정해 국가 주도의 지원과 육성이 필요하다고 강조합니다. 이렇게 국가적인 차원에서 관심이 높기 때문에 이 분야의 전망은 밝은 편이라고 할 수 있습니다.

❖ 어떻게 준비해야 할까요?

인간의 인식과 지능에 대해서 연구하는 인지학은 언어학과 매우 밀접한 관련성을 가진 학문입니다. 인지언어학 등 다양한 언어학 관련 수업은 인지학자로 성장하는 데 큰 도움이 됩니다. 인지학과 관련된 전공뿐만 아니라 생체공학, 컴퓨터공학에 대한 지식이 필요하며 인공지능 프로그램에 대한 교육 과정 이수를 통해 전문성을 갖출 수 있습니다.

이 분야로 진출하려면 전자공학, 정보통신, 컴퓨터공학, 컴퓨터과학, 의공학, 의학, 인공지능, 인지 알고리즘, 데이터베이스 마이닝 등을 전공하는 것이 필요합니다. 인간의 인지와 감성을 효율적으로 상호작용하도록 돕는 기술 개발을 하는 것이기 때문에 대학원 석사 이상의 전문 교육을 받아야 합니다.

인간의 감성을 이해하기 위해서는 생체공학, 심리학 등을 공부하는 것이 도움됩니다. 기기 개발 및 평가를 위해서는 전기·전자공학, 컴퓨터공학, 기계공학 등의 지식이 있으면 유리한데 이는 사람의 몸과 마음을 이해하고 최적의 서비스를 제공하는 기술을 개발해야 하기 때문입니다. 창의적인 아이디어가 필요한 영역이므로 인문, 철학, 예술 등 다방면에서 공부가 필요합니다.

→ 인공지능개발자

"인간의 지능으로 할 수 있는 사고, 학습, 자기계발 등을 컴퓨터가 스스로 할 수 있도록 개발하는 연구원."

자연언어 처리, 신경망, 음성 및 영상 인식, 로봇 공학 등에 관한 내용을 이해하고 컴퓨터과학 분야의 지식과 수학과 기초과학에 지식이 있어야 한다. 또한 새로운 것을 개발하는 탐구정신과 호기심, 문제해결능력을 갖춘 사람에게 적합하다.

❖ **AI 기술 중 딥러닝 기술이 미래에 인간에게 피해를 끼칠 영향이 있다고 생각하나요?**

미래에는 로봇이 인간과 동등한 정도의 위치에 설 수도 있겠다고 생각합니다. 실제로 로봇 소피아(AI 인공지능 로봇)는 "나는 로봇이 아니라 소피아다", "인간들이 이걸 보지 않았으면 좋겠다." 등 자신이 로봇임을 부정하고 인간들을 싫어하는 표현을 한 적이 있습니다. 소피아가 말한 것은 인간이 가르친 것이 아닌 스스로 생각하여 말하는 딥러닝 기술입니다. 이를 통해 로봇이 가까운 미래에는 우리를 지배할 수도 있다고 생각합니다.

❖ **최근에 많이 사용되고 있는 IoT 기술(사물인터넷)이 앞으로 일상생활에서 더 유용하게 어떻게 쓰일까요?**

사람이 많이 붐비는 출근길이나 퇴근길에 지하철이나 버스에 사람이 몇 명 있는지 알려줄 수 있고, 맛집 혹은 유명한 관광지에 사람이 붐비는지도 알 수 있습니다. 이미 많은 나라에서 사용 중인 사물인터넷 기술은 실생활에서 쓰이기 매우 편리하고 유용합니다.

❖ 컴퓨터공학 관련 전공자가 이 분야에 취업할 시 더 유리할까요?

단순히 공과대를 졸업해서 이 분야 취업에 더 유리하다기보다는 본인의 적성이 가장 중요하다고 생각합니다. 문과계열인데 이 분야에 관심이 있어 관련 전공을 복수전공하거나 독학을 통해 취업한 사람을 보면 적성이 가장 중요합니다. 컴퓨터공학이 이 분야에 필요한 지식을 깊게 배울 수 있다는 점에 있어 좋긴 하지만 취업할 때 큰 유리함으로 작용하진 않는 것 같습니다. 하지만 학부생보다는 석사를 더 선호하는 경향이 있긴 합니다.

❖ 인공지능개발자로서 가장 힘든 점은 무엇인가요?

생각하는 능력이 가장 힘듭니다. 방대한 양의 학습 데이터를 기반으로 코딩을 하는 작업이 부담될 때가 있습니다. 코딩을 할 때 사소한 실수로 컴퓨터에 입력됐을 때 큰 실수로 번지기도 합니다. 따라서 코딩하기 전 첫 스텝을 잘 잡아놓아야 하는 부담감이 있습니다.

또한 기술 트렌드를 따라가야 한다는 부담감도 있습니다. 더불어 기술에 대한 학문적인 깊이를 요구할 때가 많아 힘들 때가 있고 기술 트렌드와 학문적 전문성을 접목시키기 위해 노력해야 한다는 점이 어렵습니다. 예를 들어, 요즘 기술 트렌드는 VR 영상처리 기술이라고 생각하는데 이 기술을 어떤 방식으로 활용할 수 있을지도 고민해야 합니다.

❖ 이 분야의 일에 있어 가장 큰 장점은 무엇인가요?

개인의 시간이 비교적 자유롭게 주어진다는 점입니다. 컴퓨터가 새로운 코드 혹은 기술을 학습하는 동안 개발자는 다른 기술에 대한 학문적 탐구를 계속할 수 있습니다. 그리고 노력한 결과가 직접적으로 체감됩니다. 기술적 성과가 사람들에게 바로 드러난다는 점에서 뿌듯함을 느낍니다.

❖ 인공지능개발자를 희망하는 이에게 가장 필요하다고 생각하는 역량은 무엇인가요?

성능이 우수한 코드 중에 공개된 것이 많습니다. 그 코드는 비전공자도 읽고 간단하게 이해하면서 구동할 수 있습니다. 그러나 코드를 전문적으로 발전시키기 위해서는 기본적인 수학능력, 선형대수, 머신러닝, 통계 등 학문적 지식이나 이론 등이 선행되어야 하며 관련된 학문적 이론을 견고히 하는 것이 가장 중요합니다.

학부 커리큘럼에도 머신러닝 관련 수업이 신설된 곳이 많으니 찾아서 수강하는 등의 노력이 필요합니다. 대학원에서 사용하는 교재를 미리 학습해보는 것도 좋은 방법입니다. 교재를 통해 관련 이론들에 능숙해지는 것뿐만 아니라 이론 자체에 대한 두려움을 없애는 것이 가장 필요한 역량이라고 생각합니다.

❖ 간접적으로 이 분야의 일을 체험해볼 수 있는 기회가 있나요?

세미나 등은 매우 활성화되어 있습니다. 요즘에는 오픈된 자료가 방대한 편이니 집에서도 얕게 체험해볼 수 있습니다. 예를 들어 카메라 앱의 기술이 궁금하면 이에 대한 자료를 읽고 직접 카메라 앱을 만들어보는 식의 체험을 할 수 있을 것입니다. 인공지능 개발 관련 학부 수업이 활발히 열리는 편이니 적극적으로 활용해보세요. 관련 영상자료나 서적을 적극적으로 찾아보는 자세도 필요합니다. 덧붙여서 이 분야의 직종은 인턴이 크게 도움이 되지 않습니다. 핵심은 자신이 한 기술적 경험들 가운데 개발에 관련된 배운 점을 잘 드러내는 것입니다.

❖ 전망은 어떠한가요?

　많은 사람들이 취업 후에도 자신이 언제든지 대체될 수 있다는 불안감을 가지고 있습니다. 그런데 이 분야의 직종은 수요에 비해 공급이 부족한 직종입니다. 특히 사람을 흉내 내는 기술 등은 사라지기 힘들고 그와 관련된 기술 활용 범위는 마케팅, 교육, 복지 등 무궁무진합니다. 인공지능 기술을 활용하면 투자 자본 대비 서비스의 질과 효율성이 크게 향상되는 사례도 흔히 볼 수 있습니다.

　그렇기 때문에 이와 관련된 인공기술개발자에 대한 수요는 끊이지 않을 것이라 생각되며 전망은 비교적 밝은 편입니다. 하지만 다소 부풀려진 면도 없지 않아 있는 것 같습니다. 인공지능 기술이 모든 사람의 업무를 대체할 수는 없고, 모든 인공지능이 사람보다 뛰어나게 업무를 수행할 수 있는 것은 아니기 때문입니다. 인공지능은 크고 작은 기술적 오류를 범할 수 있습니다. 그러나 인공지능 기술은 분명 꾸준히 성장하고 있고 무엇보다 쓰이는 분야가 무궁무진합니다. 따라서 인공지능 기술이 사람의 모든 업무를 대체할 것이라는 해석만 주의하면 전망은 매우 밝은 편이라고 생각합니다.

❖ 마지막으로 유사 직종에 취업하기를 희망하는 학생들에게 해주고 싶은 말은 무엇인가요?

　단순히 전공을 살리기 위해 이 분야에 취업하지 않았으면 좋겠습니다. 실제로 공학도 출신 가운데 기획자로 전향하는 사람들도 많습니다. 반대로 문과 출신이지만 이 분야에 관심이 있다면 적극적으로 도전해보라고 권하고 싶습니다. 이 분야에 조금이라도 호기심이 생긴 사람이라면 코딩을 먼저 경험해보길 추천합니다. 단순한 호기심이 아닌 이 분야의 일을 자신의 업으로 삼을 수 있을지에 대한 확신이 필요합니다. 확신만 있다면 학벌과 전공에 대해 고민할 필요가 없다고 생각합니다.

➔ 기업 커뮤니케이션 담당자

"기업체 혹은 비영리단체의 계획, 업적, 이벤트를 대중들에게 효과적으로 전달하는 전문가."

기업체 혹은 단체의 모든 전략 커뮤니케이션 활동을 기획, 지휘, 조정하는 업무를 수행합니다.

❖ 직무내용은 어떻게 되나요?

기업체 혹은 단체의 모든 전략적 커뮤니케이션 활동을 기획, 지휘, 조정하는 업무를 담당합니다. 기업과 기업의 성과를 관련 목표그룹에게 설명하기 위해 사용되는 기업의 커뮤니케이션 도구들과 대책들을 투입하며 관련된 행사, 회원관리 등에 대한 지원 및 메뉴개편, 장애처리 등의 동호회 시스템을 지원합니다. 또한 전자우편 및 대화방, 자료실 등의 시스템을 구축 및 운용하고 게시판 서비스를 제공하고 있습니다.

❖ 어떻게 준비해야 이 분야로 취업할 수 있을까요?

별다른 자격은 필요하지 않습니다. PPL시장의 크기가 커지면서 PPL을 전문으로 하는 광고대행사들이 점점 늘어나고 있습니다. 사람인 등의 취업 사이트에서 PPL대행사를 검색하면 수시로 인원을 모집하고 있는 것을 확인할 수 있습니다. PPL대행사는 많은 인원이 필요하지 않기 때문에 대부분 소규모로 운영하고 있습니다. PPL은 프로젝트별로 담당자가 제작사, 광고주가 모두 다르므로, 회사 내부의 사람들과 협업하는 것보다는 주로 광고주, 제작사와 함께 하는 일이 많습니다.

따라서 무엇보다 중요한 것은 커뮤니케이션 능력이라고 할 수 있습니다. 광고주와 제작사 사이에서 중재하는 역할을 하기 때문에 민감할 수 있는 이야기를 우회적으로 상대방이 기분 나쁘지 않게 하는 것이 중요합니다. 또 드라마에 맞는 광고주를 선점하기 위해서 광고주의 특성을 빠르게 파악하는 것이 중요합니다. 광고주에게 맞는 제안을 하기 위해서는 프레젠테이션, 제안서 작성 능력을 갖춰 놓으면 좋습니다. 평소 드라마, 예능프로그램을 많이 보고 프로그램 내에서 어떻게 브랜드를 자연스럽게 노출시키는지에 대해서 유심히 살펴보는 것도 도움이 될 것입니다.

❖ 이 일은 전공과 어떤 관련이 있고, 어떤 도움이 되나요?

미디어커뮤니케이션이라는 전공명에서도 볼 수 있듯이 전공 수업 때 들었던 커뮤니케이션 관련 수업이 많은 도움이 됩니다. 특히, 광고홍보학개론 시간에 배웠던 PR의 개념, 광고기법 등이 실제로 적용되는 걸 보면 흥미롭습니다. 전공 특성상 토론과 조별과제가 많았기 때문에 자연스럽게 다른 사람과의 의견을 조율하는 방법을 배울 수 있었고, 프레젠테이션을 통한 PPT작업, 광고주 제안서 만들기, PT경쟁하기 등의 과제가 많은 도움이 되었습니다.

❖ 전공자로서 이 분야에 자리 잡기 위해 특별히 노력한 바가 있나요?

제안서 작성, 프레젠테이션 작성 등의 오피스업무를 전공에서 배운 내용을 토대로 하여 더욱 심화시키고자 노력하였습니다. 또 다양한 사람들과의 원활한 커뮤니케이션을 위해 사회, 경제, 문화 등 다방면에 관심을 기울이고 있으며 더 세련된 화법구사를 위해 관련 자료와 서적 등을 찾아보며 꾸준히 노력하고 있습니다.

❖ 후배들에게 꼭 해주고 싶은 말씀이 있나요?

특별한 기술을 요구하는 일이 아니기 때문에 이 일에서 끝까지 성공할 수 있는 사람은 바로 끈기 있는 사람이라고 생각합니다. 광고대행사는 끊임없이 누군 가를 설득해야 하는 일이기 때문에 어느 순간 지칠 수도 있지만 그것을 이겨낸 다면 큰 만족감을 얻게 될 것입니다.

❖ 이 직업의 장·단점은 무엇인가요?

광고 제품을 자연스럽게 드라마, 예능에 삽입해 정확한 결과물이 눈에 보인 다는 점과 노출 이후에 광고 제품이 인기가 높아 매출 상승 등의 긍정적인 소식 이 들리면 보람을 느낄 수 있습니다. 하지만 광고주, 제작사 사이에서 대행하는 역할이다 보니 대행사가 주체적으로 할 수 있는 일은 적은 편으로 하나하나 모 두의 동의를 받고 진행해야 하는 부분에서 답답함을 느낄 수도 있습니다. 드라 마, 예능 등 TV프로그램 제작현장은 밤낮, 주말이 정해져 있는 것이 아니며 워 낙 변수가 많아 항상 긴장하면서 일을 해야 하기 때문에 개인적인 스케줄을 미 리 잡기 어려운 점이 있습니다.

❖ 이 직업의 미래전망은 어떤가요?

시청자가 즐길 수 있는 매체의 수가 많아짐에 따라 일반 TV광고 CF는 시청 률이 매우 낮습니다. 인기 있는 프로그램에 자연스럽게 광고를 노출할 수 있는 PPL시장은 한 단계 한 단계 점차 성장하고 있어 매우 희망적인 분야라고 생각 합니다.

➡ 고객서비스관리자

"고객 만족을 극대화하기 위한 지식을 갖춘 전문가."

고객서비스관리자는 실무적 지식을 갖고 CS 기획, 고객응대, 고객감동 등을 극대화하는 업무를 합니다.

❖ **직무내용은 어떻게 되나요?**

 기업의 내·외부 자료를 분석·통합하여 고객의 특성에 기초한 기업의 마케팅 활동을 보조하기 위해 고객관계관리 시스템을 연구·설계합니다. 고객과 관련된 기업의 내·외부 자료 및 기업의 전략, 목표 등을 분석하여 기업의 비즈니스와 연관시켜 효과적으로 고객을 관리할 수 있는 고객관계관리시스템을 연구·설계하고 고객관계관리(CRM)와 관련된 최신 정보기술의 동향을 파악, 분석하여 차후의 정보기술 변화에 대비하는 일입니다.

❖ **이 직업의 미래전망은 어떤가요?**

 최근 기업체에서는 서비스 즉 CS 분야의 중요성을 감지하여 과거에는 하나의 부서였던 CS팀이 이제는 CS 기획, CS 전략, 현장지원 CS팀과 같이 부서의 규모가 확대되고 있습니다. 이에 따라 인력 충원 역시 증가하고 있습니다. 기업은 수익성 제고, 고객의 재구매와 만족을 높이기 위해 많은 기업 이외 공공기관에서도 CS교육을 진행하고 있기 때문에 고객서비스관리자의 전망은 밝다고 볼 수 있습니다.

❖ **어떻게 준비해야 할까요?**

 고객서비스관리자가 되기 위해서는 융합적인 능력이 필요합니다. 본인의 전공과 타켓 고객의 언어 및 문화를 알고 있다면 더 좋겠죠? 예를 들어 중국문화 및 언어 구사능력을 가지고 있다면 점차 늘어나고 있는 중국 고객의 만족을 높일 수 있는 전문성을 확보할 가능성이 클 것입니다.

❖ **관련 자격증은 어떤 것이 있을까요?**

 기업체 내의 CS팀이 따로 있다면 CS부서 관리자 등이 CS Leaders 자격증을 취득했을 겁니다. CS Leaders 자격증은 한국정보평가협회에서 시행하는 국가공인 민간자격증으로 CS기획, 고객응대, 고객감동을 극대화할 수 있는 실무적 지식능력을 평가하는 자격시험입니다.

고객만족 서비스의 전문지식을 바탕으로 실제 생활과 Business에 효율성과 실용성을 달성하기 위해 CS 기획, 고객응대, 고객감동을 극대화시킬 수 있는 실무적 지식능력을 평가하며, 고객 불만 발생 시 상황 분석능력 및 해결책 제시능력에 관한 업무를 얼마나 신속하고 정확하게 수행할 수 있는가에 대한 능력을 평가하고 있습니다.

➔ 국제저작권관리자
"국가 간 저작권 거래를 위한 중개인."

국제저작권관리자는 국가와 국가 사이에서 출판물 저작권 거래가 이루어지도록 중개하는 업무를 담당합니다.

❖ **직무내용은 어떻게 되나요?**

국가와 국가 사이에서 출판물 저작권 거래가 이루어지도록 중개하는 업무를 수행하고 출판 저작권을 확보하여 해외의 에이전트에게 우리나라 책자의 번역 샘플을 보내는 일을 합니다. 또한 해외의 에이전트가 보낸 출판물을 우리나라에서 출판하기 위한 가능성을 타진하여 해외의 출판사와 계약을 맺기도 합니다.

❖ **이 직업의 미래전망은 어떤가요?**

향후 5년간 저작권 에이전트의 고용은 다소 증가할 것으로 전망됩니다. 저작물에 대한 지적재산권이 중요시되고 있고 이를 어길 경우에는 저작권법에 따라 엄중한 처벌이 가해지고 있기 때문입니다. 따라서 출판물 등에 대한 저작권을 확보하기 위한 저작권 에이전트의 입지가 넓어질 것으로 예상됩니다. 그리고 저작물 거래가 증가하고 있고 콘텐츠의 국제 교류가 지속적으로 이루어지고 있는 점은 저작권 에이전트의 일자리 창출에 긍정적인 요소로 작용할 것이라 생각됩니다.

❖ **어떻게 준비해야 할까요?**

본인의 전공에 언어학이나 저작권 관련 법률 지식을 가지고 있으면 유리합니다. 기본적으로 서적과 관련된 저작권 관련 업무가 많기 때문에 언어학의 지식은 저작권관리자로 성장하는 데 도움이 됩니다. 외국어 능력은 필수적이기 때문에 영어영문학을 연계하여 학습하면 좋습니다.

국가와 국가 사이에서 출판물 저작권 거래가 이루어지도록 중개하는 저작권 에이전트가 되기 위해 특별히 요구되는 자격이나 전공은 존재하지 않습니다. 다만 사회의 흐름을 파악할 수 있고 문화, 역사, 철학, 시사, 경영 등 전반에 걸쳐 다양한 교양과 식견이 필요합니다. 무엇보다 일반 대중들이 무엇을 읽고 싶어 하는지 외국의 어떤 책을 번역하여 상품화하면 출판물이 성공할지 읽는 눈이 중요합니다. 또한 해외의 저자와 수시로 접촉하여 의사소통하기 위한 외국어 능력도 필요합니다.

이를 위한 자격으로는 저작권관리사자격증이 필요합니다. 자세한 사항은 한국저작권중앙회(www.crmanager.co.kr)에서 확인하세요.

➡ 음성인식UX디자이너

"UX(User Experience, 사용자 경험) 상품 기획에서, 서비스의 기능, 스펙 등을 디자인한 문서를 놓고 음성 인식으로 서비스가 가능한 각 기능들에 대해 시나리오를 개발하는 사람."

❖ **거의 모든 전자기기에 음성인식 서비스를 사용하고 있는데, 미래에는 어떤 곳까지 음성 서비스가 사용될까요?**

물건을 터치하면 상품에 대한 소개가 나오거나 지금의 우리가 내비게이션을 사용하고 있는 것처럼 길 안내를 자동으로 할 수도 있습니다. 혹은 최근에 화제가 되었던 '나연이 모녀'처럼 죽은 사람의 목소리를 복원하여 유가족들에게 지원할 수도 있고 다양한 방법으로 많은 사람들에게 제공할 수 있습니다.

❖ **음성 디자인을 하는 것에 있어서 전문적인 성우가 하는 것과 유명한 공인이 하는 것 중 어떤 것이 더 전하고자 하는 의미를 잘 전달할 수 있을까요?**

음성 디자인은 게임 안에서도 사용되고 광고를 만들 때도 사용됩니다. 물론 공인의 음성 디자인은 판매량이 높아질 수는 있겠지만 문장의 높낮이나 발성의 차이에서는 전문적인 성우가 하는 것이 전하고자 하는 바를 확실하게 전달할 수 있다고 생각합니다.

❖ **직무내용은 어떻게 되나요?**

상품 기획팀으로부터 음성 인식 삽입 요청을 접수하여 심층 인터뷰 등 다양한 리서치 방식으로 사용자가 원하는 서비스를 조사합니다. 이후 응용소프트웨어 요구사항을 분석하고 리서치를 통해 음성인식 서비스가 필요하다고 판단될 경우, 서비스의 기능, 스펙 등을 정의한 문서를 놓고 음성 인식으로 서비스가 가능한 각 기능들에 대해 시나리오를 개발합니다.

이후 실제 음성 인식 서비스를 구현하는 개발자와 기술적인 제약 사항들에 대해 논의하고 제품 개발에 대한 협의를 완료합니다. 개발자들이 제품을 개발한 뒤에는 품질 검증이 이뤄지고, 실제 사용자들을 대상으로 의미 있는 기능과 가치 등을 경험했는지 모니터링을 한 뒤 마지막 수정 단계를 거쳐 제품을 출시합니다.

❖ 이 직업의 미래전망은 어떤가요?

음성인식 UX디자이너는 정보통신기기 제조 회사 내 디자인경영센터, 통신사, 포털사이트 회사, 게임사, 전문 디자인 회사 등에서 근무합니다. 최근 UX디자인에 대한 관심이 크게 늘면서 카드사와 같은 곳에서도 사용자 경험을 조사하여 이를 새로운 제품이나 서비스에 반영하려는 노력을 기울이고 있습니다.

그래서 관련 종사자 수는 점차 늘어나고 있는 추세입니다. 과거에는 사용자가 제품이나 서비스 사용에 있어 수동적이었으나, 이제는 제품이나 서비스에 길들여지기보다 더욱 능동적으로 사용하려 하기 때문에 기술 발전이 비교적 더딘 음성인식 UX디자인 분야에서도 사용자에 적합한 새로운 경험을 만들어내는 디자이너에 대한 수요가 늘어날 것입니다. 특히 스마트폰이 널리 대중화되고 사물인터넷 시대가 열리면서 UX디자이너의 역할이 더욱 커지고 있습니다.

❖ 어떻게 준비해야 할까요?

음성학, 음성언어처리, 언어정보처리 등의 언어학 제반 지식을 활용하여, 전자 및 IT 전공과의 연계를 통해 전문성을 배양할 수 있습니다. UX디자인 분야는 인지공학, 인체공학, 심리학, 산업디자인 등 다양한 학문이 융합된 분야입니다. 따라서 어떤 하나의 전공에 얽매일 필요가 없습니다. 그보다는 사용자의 경험을 리서치하고 이를 제품이나 서비스에 반영해야 하므로 인간의 사고와 행동, 생활 패턴을 이해하고 파악하는 능력이 중요합니다. 일할 때는 사용자를 대표한다는 마음가짐으로 임할 필요가 있습니다.

문화 분야

➡ 문화콘텐츠 전문가

"드라마, 영화, 캐릭터, 애니메이션, 게임, 웹툰, 테마파크 등의 콘텐츠 개발자. 다양한 문화를 조사하여 이를 콘텐츠로 제작하는 사람."

❖ **K-POP 산업이 점점 더 발달하고 있는데 이를 활용하여 어떻게 더 효과적으로 외국인들에게 한국을 알릴 수 있을까요?**

한국 가수들은 콘서트나 팬미팅 등 자주 외국을 나가는 일이 많습니다. 콘서트나 팬미팅을 할 때 한국 음식 시식코너를 마련하여 우리의 전통음식인 김치나 장을 맛보게 할 수 있고, 무대를 한국적인 효과를 넣어 탈을 쓴 백댄서나 가수들이 입는 옷을 퓨전한복으로 만들 수도 있습니다. 하지만 외국인이 우리나라의 문화를 쉽게 접할 수 있도록 신경은 쓰지만 너무 한국적이거나 이국적이지 않은 수준으로 홍보해야 합니다.

❖ **이 직업의 미래전망은 어떤가요?**

문화콘텐츠 전문가는 〈2017 연간 콘텐츠 산업 동향분석 보고서〉에 따르면 국내의 콘텐츠 산업은 꾸준히 성장하고 있습니다. 특히 방송과 영화, 애니메이션, 음악 분야 등 문화생활을 즐기기 위해 콘텐츠를 소비하는 사람들이 계속 증가하고 있기 때문에 콘텐츠 산업의 전체 규모나 수출 그리고 콘텐츠 산업 분야의 종사자 수도 늘어난 것으로 확인되고 있습니다. 이를 통해 문화콘텐츠 전문가뿐만 아니라 문화에 관련된 직업은 미래에도 전망이 좋을 것으로 보입니다.

➡ 여행상품기획자

"관광객의 요구를 경제성과 시간을 고려하여 상품을 개발하고 기획하는 전문가."

교통편, 숙박지, 여행일정, 경비 등을 고려하여 상품을 개발하고 여행 자체를 즐길 수 있으며, 대인관계능력이 좋은 사람에게 적합하다.

❖ 최근에 노키즈존(No Kids Zone)이라는 용어가 등장하고 있는데, 여행 패키지에도 노키즈존을 적용하는 것이 올바른 것일까요?

노키즈존은 만 13세 이하 아동의 입장을 거부하는 것을 말합니다. 하지만 여행은 나이 제한이 없어야 합니다. 우리 문화와 다른 문화를 체험하고 직접 경험해보며 아이들은 더욱 성장한다고 생각하기 때문에 여행에는 노키즈존이 적용되어서는 안 된다고 생각합니다.

❖ 여행을 기획할 때, 위험한 무인도를 여행하는 프로그램이 있다면 어떤 조건 조항이 추가가 되어야 할까요?

위험한 무인도를 여행하기 위해서는 일단 스스로 자신의 몸을 책임질 수 있어야 하므로 성인 대상이어야 한다고 생각합니다. 또한 어떤 위험한 일이 발생할지도 모르므로 가족의 동의서도 받아야 합니다. 왜 위험한 무인도에 가기로 결정한 건지 동기도 중요하다고 생각합니다.

➡ 문화여가사

"건전한 여가생활을 영위할 수 있도록 프로그램을 설계하는 사람."

문화예술에 대한 수요를 파악하고 개인이나 단체별 맞춤형 문화여가 생활을 설계하여 문화여가를 활성화하는 데 기여하는 업무를 수행한다.

❖ **몸이 불편하신 분들을 대상으로 여가활동을 계획할 때, 어떤 여가활동을 추천해드리면 좋을까요?**

몸이 불편한 분이거나 노인 분들을 대상으로 여가활동을 제시해드린다면, 활동이 좀 적은 단기 여행을 추천해드리고 싶습니다. 여행을 가더라도 힘든 일정이 아닌 어르신들이 사셨던 옛 고향과 닮은 여행지에서 맛있는 음식을 먹는 쉬운 일정을 추천해드리고 싶습니다. 또 여행을 가서 현지 언어에 흥미를 느낄 수도 있으며 현지 문화에 대해서도 알 수 있습니다.

❖ **문화여가사의 미래 전망은 어떤가요?**

경제가 성장하고 소득이 증가함에 따라 자유시간이 늘어나면서 주말이나 휴일에 문화·여가 활동으로 행복을 추구하는 사람이 증가하고 있습니다. 이에 따라 미래에도 더 많은 취미생활을 즐기는 등 사람들이 취미생활을 멈추지 않는 이상 보다 양질의 여가활동을 개발하는 문화여가사의 직업은 더욱 중요해질 것이라고 전망합니다.

계열별
핵심 키워드

어문계열을 전공하면 외국어를 유창하게 말하고 해외에서 글로벌 인재가 되는 상상을 해봤을 것이다. 물론 틀린 말은 아니다. 교육의 목적상 언어의 이해도와 활용도를 높이고 세계 인재를 키워내는 것에 중점을 두고 있다.

어문계열을 선택한 경우는 크게 세 가지다.
1. 외국어와 그 나라에 관심이 있어서
2. 상대적으로 낮은 입시결과에 도전해 대학 이름값을 높이고자
3. 외국에 대한 로망을 가지고 막연하게 진학 선택

첫 번째 경우는 정말 긍정적인 경우다. 자신의 흥미와 자아실현을 위한 선택이다. 흥미를 갖는 만큼 성취감도 클 것이다. 이런 경우라면 크게 문제될 게 없다. 하지만 이런 학생은 소수라는 점이다.

두 번째 경우는 이런 말을 한번쯤 들어봤을 것이다. '이과는 전공이고 문과는 대학 간판이다.' 이런 말을 듣고 어문계열에 진학한 학생들도 꽤 있다. 복수전공이나 전과의 제도가 있으니 이를 활용하여 자신의 전공으로 나아가고자 한다. 어문계열에서는 실용적인 언어를 배우기보다는 고대문화, 소설 같은 것들을 주로 배운다.

세 번째 경우는 자기자신과 직업, 미래에 대한 탐색을 하지 않고 드라마나 영

화를 보고 외국에 대한 막연한 로망을 가지고 지원한 경우다. 대학은 학생 한 명 한 명의 진로를 책임지지 않는다. 대학에서 교육하는 과목을 이수하였다고 외국어 실력이 향상되는 것은 아니다. 그렇기 때문에 결국 외국어를 잘하기 위해서는 본인 스스로 노력을 많이 해야 한다.

Q 어문계열의 진로는 어떻게 되나요?

A 어문계열은 기본적으로 언어를 공부하는 학과입니다. '언어'를 통해서 진출할 수 있는 직업의 범위가 정말 넓다고 할 수 있습니다. 통번역부터 시작해서 국제 통상이나 무역 관련 직업, 국내 기업의 현지 지사나 해외 기업에 취직할 수도 있습니다. 또한 외교관이 될 수도 있고, 기자가 되어 특파원으로 근무할 수도 있습니다. 항공사나 공무원, 아나운서로 진출하기도 하지요. 이렇듯 전 세계 각지에서 다양한 일을 할 수 있습니다.

Q 어문계열의 성비는 어떻게 되나요?

A 여학생이 남학생보다 훨씬 많은 편입니다. 문과계열은 대부분 여학생들이 많은 편입니다.

Q 전공 언어를 모르는데 잘 적응할 수 있을까요?

A 충분히 가능합니다. 물론 대학에서 처음 언어를 배울 때 이미 배우고 온 학생들과 출발점이 다르기에 힘든 점이 있습니다. 대학에서 처음부터, 흔히 말하는 알파벳부터 가르쳐주기 때문에 충분히 따라할 수 있지만, 대학생을 대상으로 수업하기에 진도는 빠르다는 것을 알고 있어야 합니다.

Q 어문계열 학생들은 교환학생으로 많이 가나요?

A 아무래도 다른 학과 학생들에 비해 교환학생을 많이 가는 편입니다. 대부분 영미권 국가나 자신의 전공 언어를 살릴 수 있는 국가로 갑니다. 어문계열로 진학할 예정이라면 교류 프로그램을 사전에 파악하여 진학하는 것을 추천해드립니다. 참고로 경희대학교의 경우 "7+1 교환학생 프로그램", "복수학위제도" 등 다양한 국제 교류 프로그램이 있습니다.

Q 복수전공은 어느 학과로 많이 하나요?

A 대부분은 경영, 경제와 같은 상경계열 학과로 복수전공을 합니다. 하지만 본인 진로에 맞춰서 예체능 계열이나 기타 어문계열 학과, 사회과학 관련학과로 복수전공을 선택하기도 합니다.

Q 성적에 맞춰 어문계열을 가도 괜찮을까요?

A 사실 많이 받는 질문입니다. 개인적으로는 별로 추천하지 않습니다. 본인이 언어를 배우고 싶어도 학과에 적응하기 위해 열심히 노력하는데 단순히 성적에 맞춰 대학을 가면 좋은 학점을 받을 수 없을뿐더러 취업을 할 때 손해를 보는 경우가 많습니다. 최소한 그 나라에 대한 관심이나 흥미가 있어야 대학생활에서 보람을 느낄 수 있을 것입니다.

Q 어문계열에 진학한 후에 전과를 하는 것은 어떤가요?

A 인기 있는 과로 전과하는 것은 어렵습니다. 우선 좋은 학점관리를 통해 관심 있는 학과로 전과하는 것은 좋은 방법이라고 생각합니다.

Q 어문계열에 입학하려면 스펙을 어떻게 준비해야 할까요?

A 최소한 3학년 때는 어떤 언어를 전공으로 선택할지 정해놔야 합니다. 1, 2학년 때부터 문화를 통한 언어의 이해와 한글과 비교하는 활동 등을 하면서 언어에 대한 관심도를 보여주어야 합니다. 또한 독서를 통해서 전공 언어, 국가에 대한 정보를 얻고 관심을 키울 수 있습니다. 학교의 다양한 프로그램에 적극적으로 참여하고 이 활동이 다른 나라에서는 어떻게 적용되는지 추가적인 탐구활동을 하는 것입니다.

이런 식으로 본인이 원하는 방향으로 활동을 만들어 생활기록부를 채워나간다면 전공적합성을 드러낼 수 있습니다. 예를 들어 진로가 무역 관련 직업으로 어문계열 진학을 희망하는 학생이 그 나라의 경제에 대한 책을 읽고, 해당 외국어에 대한 관심을 보이며 언어의 중요성을 알려준다면 어문계열 입학하는 데에도 도움이 됩니다.

Q 어문계열에서 취업이 가장 잘 되는 학과가 어딘가요?

A 한국교육개발원이 '고등교육기관 졸업자 취업통계'를 조사한 결과 어문계열에서 취업이 가장 잘 되는 학과는 러시아어였습니다. 러시아어는 오랫동안 블루오션이었습니다. 통일이 되면 가장 필요로 하는 언어 중 하나가 러시아어입니다. 러시아어 졸업생의 취업률은 63%를 기록했습니다.

러시아는 미국·중국·일본과 함께 주변 4대 강국으로 불리는 거대한 나라입니다. 최근에는 우리나라 정부기관과 기업(현대다이모스, OCI상사, 우리은행 등)이 잇따라 업무협약을 체결하는 등 새로운 투자처로 각광받고 있어 취업률이 높습니다. 또한 아랍어, 베트남어 등도 취업률이 높습니다.

Q 어문계열은 문학만 배우나요?

A 반은 맞고 반은 틀린 말입니다. 몇몇 대학 어문학 전공은 새로운 변화를 시도하고 있습니다. 바로 '지역학'입니다. 지역학이란 그 지역의 정치, 경제, 사회, 문화를 이해하면서 그 나라 언어의 중요성과 발전가능성을 보여주는 것입니다.

반면 순수 언어학, 문학을 공부하는 경우에는 고학년으로 갈수록 고전 문학 쪽을 공부하게 됩니다. 따라서 어문계열에 진학할 경우 교육과정을 파악하여 어떤 전공이나 세부트랙을 선택할지 고민하고 지원하는 것이 중요합니다.

Q 어문계열은 취직이 어렵나요?

A 케이스 바이 케이스입니다. 현지 법인 채용까지 생각하면 취직은 잘 되는데, 우리가 흔히 생각하는 '대기업' 채용률은 낮습니다. 아랍에미리트, 베트남, 말레이 인도네시아 지역의 경우 한국 기업의 현지 법인이 존재해서 어문계열 출신 취업률이 높습니다.

Q 특기자가 많나요?

A 상위권 대학을 제외하면 대학들도 특기자전형이 거의 없었습니다. 다만 중고등학교를 외국에서 공부한 친구들이 오는 경우도 있습니다. 또한 중위권 대학에도 외고 졸업(예정)생 해당 언어 전공자가 있습니다.

Q 좋은 학점 받기가 어렵나요?

A 공부를 성실히 하는 친구들은 좋은 학점을 받습니다. 특히 한국외대는 재외국민은 절대평가 대상자이고 특기자는 성적증명 시 1학년 전공과목 평가

가 pass or fail로 바뀌었습니다. 또 외고 출신 친구들도 성적이 잘나오지만 1학년 학부생 수준이라 1학년은 좀 힘들 수 있지만 학생부종합전형으로 입학한 목적 있는 친구들의 꾸준한 노력으로 우수한 성적으로 졸업하는 경우도 많습니다.

Q 수업은 주로 어떻게 진행되나요?

A 보통 1학년 한 학기에 어학 강의 2개, 회화 수업 1개, 지역학이나 문학 강의 1개, 전공과목 1개 정도 듣습니다. 1학년은 기초 문법을 외우고, 단어량을 늘려서 3, 4학년 수업을 잘 따라가게 하는 것을 목표로 합니다. 저는 지역학과 문학 강의를 들어봤는데 두 과목 모두 기초 틀을 닦는 것을 목표로 배웠습니다.

Q 언어를 배울 때 많이 어렵나요?

A 일주일에 최소 3시간씩은 그 과목 공부를 하게 되므로 힘들 수 있습니다. 외대의 경우 진도가 처음엔 과할 정도로 빠릅니다. 그러나 거의 대부분의 어학수업이 소수인원을 대상으로 수업하는 것이라 실력이 향상되는 것을 느끼면서 수업까지 재미있어집니다.

Q 어문계열 학생들의 진로는 어떻게 되나요?

A 보통 남자는 해외 영업직, 무역회사, 면세점 분야로 취업하거나 로스쿨을 준비하는 학생들도 많습니다. 여자는 스튜어디스나 공무원 준비를 주로 합니다. 물론 전공과 무관하게 취직하는 경우도 있습니다. 또 컴퓨터공학을 이중전공해서 IT 기업으로 일하는 경우도 있습니다.

Ⓠ 소수언어를 배울 수 있는 학과는 어느 대학에 있는지 소개해주세요.

Ⓐ 아랍어(한국외대, 부산외대, 단국대, 조선대, 명지대), 베트남어(한국외대, 부산외대, 영산대, 청운대, 사이버한국외대), 마인어(한국외대, 부산외대, 영산대, 사이버한국외대), 몽골어(한국외대, 단국대), 태국어(한국외대, 부산외대), 포르투갈어(한국외대, 부산외대, 단국대), 이탈리아어(한국외대, 부산외대), 페르시아어(한국외대), 힌디어(한국외대, 부산외대, 영산대), 스칸디나비아어과, 네덜란드어과, 폴란드어과, 헝가리어과, 우크라이나어과, 세르비아크로아티아어과, 그리스·불가리아어과, 터키·아제르바이잔어과, 버마어과, 체코−슬로바키아어과, 루마니아어과, 중앙아시아어과 등이 한국외국어대학교, 부산외국어대학교에 설치되어 있습니다.

핵심 키워드로 알아보는 국어국문학

Ⓠ 국어교육학과가 아닌 국어국문학과를 통해서 교사가 될 수 있나요?

Ⓐ 네, 물론입니다. 다만 차이점이 있다면 국어교육학과는 사범대학에서 정한 교육과정을 따라 졸업시험에서 교원자격증을 취득할 수 있는 반면에, 국어국문학과의 경우 교직이수를 위해서 우수한 성적을 요구한다는 것입니다. 보통 상위 5~10% 정도의 우수한 성적의 학생을 대상으로 선발하고 있습니다. [부록1]을 참고하면 어문학과를 통해 교원자격증을 받을 수 있는 학과를 확인할 수 있습니다.

Q 국어국문학과에서는 뭘 배우나요?

A 국어국문학의 연구 분야는 크게 국어학과 국문학으로 나뉩니다. 한 지붕
밑에 있지만 두 분야의 성격은 아주 판이하여 국어학이 자연과학에 가까
운 성격을 띤다면, 국문학은 상대적으로 자유로운 인문학과의 성격을 지닙
니다.

이에 따라 국어국문학 전공자들의 선호도는 아주 뚜렷합니다. 한국어에
대한 연구보다는 철학, 역사학, 사회학, 심리학, 문화학, 신화학, 여성학,
인류학, 종교학 등 다양한 인접 학문에 대한 이해를 바탕으로 인문학뿐만
아니라 사회과학 나아가 자연과학 분야에 이르기까지 폭넓은 관심을 기반
으로 자신만의 작품을 창작합니다.

Q 요즘 신조어는 '롬곡옾눞' 흘리는 시대의 '띵작'이라는 기사를 봤어요. 이런 신조
어가 너무 많은데 신조어가 표준어가 되기도 하나요?

A '신조어(新造語)'란 새로 만들어진 단어 및 용어 가운데 표준어로 등재되지
않은 말을 뜻합니다. 이러한 신조어가 표준어로 등재되는 과정은 다음과
같은 여러 단계를 거칩니다.

1. 탄생 – 신조어의 작성원리로써 새로운 단어가 만들어지는 단계.
2. 인식 – 사람들이 신조어가 있음을 알게 되었지만 널리 사용되지는 않는 단계.
3. 확산 – 신조어의 사용자 수가 늘어나는 단계.
4. 정착 – 신조어가 자주 언급되기 시작하며 뜻이 명확히 정립되는 단계.
5. 유행 – 표준어의 규정에 이를 정도의 인원이 명확한 의미로 신조어를 사용
하는 단계.
6. 인용 – 방송, 신문, 소설 같은 매체에서 신조어를 사용하는 단계.

7. 등재 - 표준어로 인정되는 단계.

그럼 여기서 문제 하나, 혹시 '모뽀, 모껄'이라는 1920년대 신조어는 무엇을 말할까요?

핵심 키워드로 알아보는 노어노문학

Q **노어노문학과가 인기 있는 이유는 무엇 때문인가요?**

A 독일어, 러시아어 등과 같이 우리에게 생소한 언어입니다. 하지만 노어노문학을 공부하게 된 학생은 이미 블루오션을 개척한 것입니다. 미처 개발되지 않은 엄청난 자원과 경제적 잠재력을 가지고 있어 우리나라에서 진출한 기업이 많습니다. 뛰어난 어학적 소양과 러시아 사회문화 전반에 걸친 안목을 토대로 외교, 언론, 무역, 정보, 행정, 법조, 항공 등 다양한 분야에서 러시아 관련 최고 전문가로 활약할 수 있습니다.

특히, 한·러 교류에 대한 관심이 확대되면서 노어노문학 전공자들이 극동 아시아를 무대로 활발히 활동할 수 있는 기회를 얻고 있습니다. 또한 남북한 문제에 있어서 언어와 지역문제에 전문 지식을 가진 인재의 요구가 절실하므로 국제기관에서의 활동도 매우 낙관적입니다.

Q 노어노문학과에서 어떻게 공부하나요?

A 19세기에서 오늘날에 이르기까지 러시아 문학은 세계 문학에 지대한 영향을 미쳤습니다. 러시아 문학과 문호들의 창작 세계를 시대별, 장르별, 작가별로 조망하는 다양한 교과목인 러시아 문학기행, 러시아 문학과 영상예술, 근·현대 러시아 소설의 수업을 통해 한국근대문학 형성과정에서 러시아 문학이 미친 영향관계를 탐색함으로써 학생들의 학문적 사고를 자극할 수 있습니다.

➡ 이런 학생 노어노문학에 딱!

• 국어와 러시아어를 비롯한 외국어에 대한 관심과 열정이 그 누구보다 대단하다.

• 풍부한 독서활동을 통해 인문학적 소양을 쌓았다.

• 러시아어권 문화에 대한 흥미가 있어 다양한 제반 체험 학습 및 활동을 하고자 한다.

• 다양한 나라의 여러 측면에 대해 관심이 있고 기초 지식을 가지고 있다.

• 나와 우리의 울타리를 벗어나 세상을 향해 마음의 문을 활짝 열고 소통하고자 한다.

• 타 문화를 존중하며 그러한 문화를 만들며 살아온 사람들의 다양한 의식을 알고 싶다.

• 공부를 해도, 친구들과 놀아도, 혼신을 다해 집중하는 것을 즐긴다.

Q 이 학과의 진출 분야는 어떻게 되나요?

A 러시아와 관련된 분야인데 대표적으로 삼성, LG 전자 분야의 매출이 가장 큽니다. 또한 자동차, 에너지, 자원 관련 분야에서도 학생들을 많이 선발

하고 있습니다. 최근에는 건설부분에서도 인력을 양성해서 진출시키고 있는데 중앙아시아뿐만 아니라 극동지역에서 건설 붐이 일어나면서 국내 중견업체도 그쪽으로 활발하게 일을 하고 있습니다. 국내 언론, 광고, 미디어 등 방송 산업에서 두각을 나타내고 있어 신문방송 기자, 작가, PD 등 다양하게 진출하고 있습니다.

Q 노어노문학과를 꿈꾸는 학생들에게 한마디 해주세요.

A 과거 소련은 거대한 영토와 강인한 경쟁력을 자랑했으나, 소련 붕괴 이후 쪼개진 나라들은 별로 경제발전을 이루지 못한 채 살아가고 있습니다. 러시아, 중앙아시아를 포함한 다양한 CIS국가들의 시장 개혁은 다양한 직업분야의 좋은 전망이 되어가고 있습니다.

또한 오늘날 한류는 세계적으로 뻗어가고 있습니다. 러시아 쪽도 한류의 영향으로 다양한 산업으로의 확대가 이루어지고 있습니다. 현재 우리나라와 일본 등 몇몇 국가 사이에서는 무비자로 러시아뿐만 아니라 카자흐스탄, 우크라이나, CIS국가들이 있습니다. 그만큼 러시아어 인재가 많이 필요하다는 뜻입니다.

Q "예카테리나"는 어떤 인물인가요?

A 러시아인이 가장 존경하는 여황제 예카테리나 2세입니다. 러시아를 '잠자는 북극곰'에서 '유럽의 신흥강자'로 견인한 리더로 100여 개의 신도시 개발, 29개 주의 지방제도 개선, 군의 현대화, 세제개혁, 대대적인 학교 건립과 교육제도 개선, 문예 부흥, 자원개발과 경제성장 등에서 성과를 올렸습니다. 대외적으로는 폴란드 병합, 그리고 러시아의 오랜 숙원이었던 크림반도 점령을 통한 지중해로 진출할 수 있는 길목인 보스포루스 해협까지 세

력을 진출했습니다. 예카테리나는 발틱해의 부동항 확보 이후 지중해로 진출할 수 있는 해상 교두보를 남쪽 바다에 건설하여 무역과 산업의 발달로 국가의 부를 늘려 문학, 미술, 발레, 음악, 고고학 등 많은 예술, 문예 분야에서 러시아의 비약적인 성장을 이끌었습니다.

유럽 정치·문화·경제권의 중심부에 단숨에 진입하는 데 성공시킨 '러시아의 자긍심', '러시아의 가장 완벽한 군주'라고 불립니다.

Q 러시아에서 한국 기업 이미지는 어떤가요?

A 17억 982만 5천 헥타르 '세계에서 가장 큰 나라'로 한 기업이 러시아에서 성공하려면 오랜 시간을 공들여 신뢰를 쌓아야 합니다. 이런 이유로 실제로 미국, 일본 등 다국적 회사들이 러시아 투자를 접고 철수하기도 했습니다. 특히 지리적으로 극동러시아(블라디보스토크 주변)는 한국과 중국, 일본의 3파전을 벌리고 있는 경쟁이 심한 지역입니다. 하지만 한국은 중국의 막대한 자본력에 밀리지 않고 러시아와의 교역상대국으로 경동 나비엔과 팔도, 삼성전자가 있습니다.

경동 나비엔은 러시아 보일러시장에서 5년 연속 시장점유율 1위를 기록하고 있습니다. 러시아 최고 브랜드 관련 시상을 3회 연속 받기도 했습니다. 유럽 기업에서 보기 힘든 빠른 AS와 일처리로 신뢰의 이미지를 키웠습니다. 팔도는 2018년 기준으로 약 5억 개의 라면을 판매하며, 매년 폭발적인 판매 성장률을 기록하고 있습니다.

또 1998년 러시아의 경제위기 속에 의리를 지킨 기업이 바로 삼성전자입니다. 당시 러시아 최대 컴퓨터 회사 비스트사는 갑작스런 경제위기로 삼성에 600만 달러를 갚지 못하는 상황에서 삼성은 돈 대신 그들의 사옥 건물을 받은 후, 돈을 갚으면 다시 건물을 돌려주겠다고 약속을 합니다. 또한 삼성은 그 건물을 직접 사용하지 않고 계속 비스트사의 사옥으로 사용하도록 하면서 임대 수입도 받지 않았습니다. 이후 러시아의 경제가 살아나면서 부동산 가격 또한 몇 배로 뛰었지만 삼성은 부동산으로 돈 벌 생각이 없다며 건물을 팔지 않고 비스트사가 돈을 갚고 건물을 되찾을 때까지 기다려 줍니다. 이러한 일화 덕분에 삼성은 전자유통 업체 사이에서 큰 신뢰를 얻게 되었고 이를 발판으로 러시아 대륙에서 큰 성장을 할 수 있었습니다.

핵심 키워드로 알아보는 중어중문학

Q 중국의 성장으로 중국어와 중국 문화에 관심을 가지고 있는데 앞으로도 이런 현상은 지속될까요?

A 2000년대에 들어서 중국은 급격히 부상하였습니다. 엄청난 인구와 풍부한 자원, 그리고 광대한 영토를 바탕으로 중국은 세계의 공장이 되어 놀라운 속도로 발전하였습니다. 이렇게 급성장한 중국은 우리나라와 지리적인 측면과 문화적인 측면에서 가장 가깝기 때문에 가능성이 많은 새로운 기회의 땅이었습니다. 그래서 한때 중국유학을 갈 정도로 인기가 많았습니다. 그런데 중국의 폐쇄적인 정책으로 인해 베트남, 인도로 이전하는 기업들이 많아지고 있습니다.

Q 중어중문학과에서 어떻게 공부하나요?

A 중어중문학과에서는 중국어를 바탕으로 중국의 고전문학과 현대문학, 그

리고 그 바탕이 되는 중국의 문화와 사상, 현대 중국까지도 폭넓게 배웁니다. 한자를 모르면 진학이 불가능하다고 생각할 수 있는데 요즘 다양한 자료와 번역기를 통해 공부하는 데 어려움은 없습니다. 특히, 중국고전은 현재 출판된 각종 서적을 함께 읽으면서 이해한다면 충분히 이해할 수 있을 것이라고 생각됩니다.

➡ 이런 학생 중어중문학에 딱!

- 새로운 세계를 동경한다.
- 중·고등학교 시절 배운 중국어에 대한 흥미를 간직하고 있다.
- 가깝고도 먼 중국인들의 삶이 너무나도 궁금하다.
- 중국의 어학, 문학, 문화를 동경하며 심화된 지식과 역량을 갖고자 한다.

Q 이 학과를 지원한 학생들이 겪는 어려움이 많을 것 같은데 어떤 어려움들이 있을까요?

A 전체적으로 학생들이 가장 어려워하는 것은 한자를 쓰는 능력이 절대적으로 부족합니다. 한국어의 많은 어휘가 한자에서 왔는데, 그 어휘를 본래의 뜻을 잘 이해하지 못하고 잘 구사하지 못하는 경우가 많습니다. 그리고 한자의 종류가 다양하여 이를 읽고 구사하는 데 많은 시간이 소요됩니다.

Q 중국과 대만은 왜 갈등이 있는 거죠? 대만도 중국인가요?

A 우선 대만의 역사를 보면 식민시기 이전(~1624), 네덜란드 식민시기(1624~1662), 청나라의 통치시기(1683~1895), 타이완의 일본 식민시기(1895~1945), 대만(1945년 이후)으로 이어졌습니다. 중국 국민당은 1945년 8월 일본이 대만을 포기하자 '국부군'을 대만에 파견하며 인수작업을 실시합

니다. 대만 거주민들은 초기에는 국민당을 반겼지만, 국민당의 부패와 대만 거주민들에 대한 고압적인 태도로 점점 불만이 커져갑니다.

그러다가 1948년 2월 28일 총격사건으로 인해 국민당과 대만 국민 사이에 갈등이 심화되었습니다. 하지만 최초에 대만으로 이주한 장제스의 중국국민당 정부는 대만의 경제 부흥을 위해 노력하여 1962년부터 1985년까지 무려 연평균 9.3%의 높은 경제 성장률을 기록합니다. 하지만 잘 성장하던 대만은 중국에 의해 위기를 맞게 됩니다. 중국이 '하나의 중국'을 앞세우며 국제적으로 대만을 압박했기 때문입니다.

현재의 대만은 올림픽에서조차 대만의 국기를 정식적으로 사용하지 못하며 중화 타이페이라는 국기명과 국기를 사용할 수밖에 없습니다. 트럼프 대통령 당선 이후 민진당이 정권을 잡으면서 미국과 대만의 관계는 개선되었습니다. 대만은 이 기회에 중국으로부터 독립하여 독립적인 지위를 유지하고 싶어 중국과 갈등이 생기고 있습니다.

Q 중어중문학과를 꿈꾸는 학생들에게 한마디 해주세요.

A 중국은 중국 문화와 역사를 기반으로 다양한 게임과 영화를 개발하는 문화 콘텐츠 사업을 중심으로 세계 문명을 선도하는 나라입니다. 현재 미국과 어깨를 나란히 하는 G2 국가로 발돋움하고 있습니다.

우리나라는 예로부터 중국과 인접하여 중국의 문화를 창조적으로 수용하며 독자적인 생활양식과 가치관을 형성해왔습니다. 중국이 경제대국으로 성장하고 있는 오늘날 연간 천만 명 이상이 양국을 오가고, 우리나라 수출의 70%를 중국에 의지하는 공존공영의 모습을 보이고 있습니다. 우리나라가 더 발전하기 위해서는 이러한 주변 환경을 이해하는 인재가 필요합니다.

핵심 키워드로 알아보는 영어영문학

영어권　세익스피어
영시
영문학
어음　　　　　　　　산문
영문법　　　　미국문화
낭만　　　　　발화
음운
영어　　　영미사
통사론　장르

Q 인문학의 중요성이 날로 증가하면서 영어영문
학과에 대한 관심도 같이 높아지고 있는데 그
이유를 알려주세요.

A 한국사회에서는 인문학을 전공하면 마땅한
특기나 기술이 없어서 취직의 어려움이 뒤따
른다는 말이 있습니다. 하지만 이는 한국사회에
국한된 현상으로 보입니다. 구글과 같은 세계적인 기
업에서도 공학자보다 인문학자를 더 많이 선발하고 있습니다.

이는 과학 속에 인간의 삶과 문화에 대한 이해를 곁들임으로써 과학만능
주의를 극복하고, 인간에 대한 이해를 경영철학과 연결하고 실무지식의 한
계를 넘어서 보다 유연하고 창의적인 사고를 키울 수 있다고 생각하고 있습
니다.

이처럼 인문학이 강화되는 흐름 속에서 국제적으로 경쟁력을 키우기 위해
영어와 인문학을 함께 다루는 영어영문학과는 글로벌 인재의 산실이라 할
수 있습니다.

Q 영어영문학과에서 어떻게 공부하나요?

A 각 학교마다 차이가 있어 고려대학교의 경우를 예로 들어봅니다. 영어영문
학과는 전체 전공과목 중 60% 넘는 과목이 영어 강의로 진행됩니다. 물론
전공수업이 영어로 진행된다는 점에서 부담을 느낄 수 있지만, 부담을 느
끼는 만큼 학생들의 영어실력은 외국 유학생 못지않게 높아집니다. 문과대
학 7+1 프로그램은 8학기 중 1학기를 전공 언어를 모국어로 하는 나라에

서 공부하는 기회를 가질 수 있습니다. 이 경우 현지 이수과목 학점을 인정받고, 해당 학기 본교 등록금의 90%가량을 해외대학 등록을 위한 장학금으로 지원받습니다. 또한 국제 인턴십 프로그램은 3~4학년 재학생 중 희망자를 대상으로 해외 소재 한국 및 외국 공관·기업·민간기구로 파견하는 프로그램으로 언어뿐만 아니라 실무지식까지 쌓을 수 있는 기회를 제공합니다.

➡ 이런 학생 영어영문학에 딱!

- 영어뿐만 아니라 국어와 다른 외국어에도 남다른 관심을 가지고, 사회 과목을 통해서 외국·문화, 역사, 사회, 경제 등에 흥미를 느낀다. 모두가 다 잘하는 영어, 하지만 난 그 중에서도 특출나게 지성이 담긴 영어를 구사하고 싶다.
- 글로벌 인재로 거듭나기 위해서 세계로 뻗어나가고 싶다.
- 셰익스피어, 찰스 디킨스, W. B. 예이츠 등 유명 작가들의 작품을 심도 있게 배워보고 싶다.
- 영어라는 언어 자체를 분석하고 알아가고 싶다.

Q 요즘 문과 취업이 어렵다고 하는데 어떤 진로를 선택할까요?

A 순수 학문을 연구하는 학생들은 치열한 취업시장에서 밀리고 있는 것이 사실입니다. 졸업 후 심지어 휴학하고 공무원 시험을 준비하는 경우도 많습니다. 하지만 보통 영문과를 다닌다고 하면 대부분 영어 선생님, 통역사, 번역가 등 영어와 직접적으로 연관된 직업을 가질 것이라고 생각할 수 있는데 교육, 무역, 금융, 언론, 심지어 법조계에도 종사하고 있습니다.
복수전공을 거의 필수로 하기 때문에 이렇게 다양한 직업에 종사할 수 있습니다. 또한 영어 실력이 기본적으로 있기 때문에 한국이 아닌 외국에서 직업을 갖거나 외국기업에서 일하는 경우도 드물지 않습니다.

Q 영어영문학과를 꿈꾸는 학생에게 해주고 싶은 말은?

A 영어와 영미문화에 대한 지식을 쌓은 후, 경영학 혹은 경제학을 이중 전공할 경우 모건스탠리, 메릴린치, AIG 등 세계적인 금융회사에 취업하기 용이합니다. 또한 UN, UNICEF 등 세계적으로 유명한 공익기관, NGO단체 등에서 자신의 꿈을 펼칠 수 있습니다.

영어영문학은 다양한 분야와 연결되기 때문에 21세기 각종 전문직을 향한 취업의 문이 활짝 열려 있습니다. 또한 외국인 교수들과 교류하며 준비된 글로벌 인재가 되는 과정을 밟아 나갈 수 있습니다.

핵심 키워드로 알아보는 베트남어학

Q 베트남어는 어떻게 접할 수 있나요?

A 인터넷 강의나 개인 과외를 통해 접할 수 있습니다. 대학에서 방학마다 시행하는 언어수업을 신청하여 베트남어를 배울 수도 있습니다.

Q 베트남에 한국어 열풍이 불고 있다고 하는데 사실인가요?

A 베트남은 한국만큼 교육열이 뜨겁습니다. 월급 1000만동(약 50만원)에서 절반 이상을 교육비로 지출하는 경우가 흔합니다. 교육비의 많은 부분을

한국어를 배우는 데 사용하고 있으며, 중고등학생들이 제2외국어로 한국어를 많이 선택하고 있습니다. 이러한 확산의 비결은 케이팝, 박항서 축구 감독도 있지만, 한국기업에 취직하는 데 도움이 된다는 믿음 때문입니다. 호치민의 경우 영어를 하면 월급으로 1000만동을 받을 수 있지만, 한국어를 함께 하면 2000만동(약 100만원)까지 기대할 수 있습니다. 또한 2019년 과학기술정보통신부가 개소한 호치민 IT지원센터의 '코리아 아이티 스쿨(Korea IT School)'로 한국 기업에 관심 있는 현지 대학 졸업예정자나 취업 준비생은 실무 프로젝트를 수행하기 위해 더 열심히 한국어를 배우고 있습니다.

Q '락롱꾸언'과 '어우꺼'는 무슨 뜻인가요?

A 베트남은 54개의 민족으로 이루어진 다민족 국가로, 신화에서 나오는 100명의 아들들은 많은 민족으로 나누어진 베트남의 다민족을 상징합니다. 베트남 사람들은 서로 다른 민족이지만, 서로의 시조가 같은 54개의 형제 민족이라 여기고 단결하며 평화롭게 지내왔습니다. 오늘날 베트남 사람들은 아버지인 락롱꾸언과 어머니인 어우꺼 그리고 나라를 세운 홍부엉의 공로를 기억하기 위해 곳곳에 사원을 세워 제사를 지내고 있으며 매년 음력 3월 10일을 '시조의 기일'로 지정해 큰 행사를 개최합니다.

핵심 키워드로 알아보는 아랍어학

Q 아랍어를 사용하는 국가가 많다는 것을 처음 알았어요. '암미아'랑 '푸스하'는 무엇인가요?

A 전 세계 아랍어를 사용하는 국가는 22개국입니다. 13억에 달하는 무슬림

들이 종교어로 사용하고 있습니다. 문제는 아랍어가 모든 나라에서 통용되는 건 아닙니다. 요르단에서는 두 개의 언어를 익혀야 하는데 '푸스하'와 '암미아'입니다. 푸스하는 신문이나 출간물에 쓰는 언어이고 암미아는 실생활 대화언어라고 생각하면 됩니다. 푸스하는 한국어로 치면 표준어, 암미아는 방언을 뜻합니다.

Q 아랍국가의 한국 대사관에 근무하는 외교관들 중 86%가 아랍어를 제대로 구사하지 못한다고 하는데 사실인가요?

A 사실 아랍어는 어렵습니다. 아랍어는 '푸스하'와 '암미아'라는 두 가지 언어가 있습니다. 표준 아랍어인 '푸스하'를 배우면 읽고 쓰는 데는 문제가 없지만, 말을 하려면 22개국 방언을 모두 배워야 합니다. 아랍권에서 통용되는 언어가 모두 다르기 때문입니다. 또한 언어가 변하는 경우도 상상을 초월합니다.

모든 사물을 남성과 여성으로 구분합니다. '한 사람, 두 사람, 세 사람, 열 사람'을 표현하는 말이 모두 다릅니다. 내가 있는 상황에 따라 누구와 있냐에 따라 다르게 판단하고 표현해야 합니다. 현지인에게 '푸스하'와 '암미아' 중 어떤 것을 사용해야 맞느냐고 물으면 고위층 사람들은 코란에서 바탕이 된 '푸스하'를 배워야 한다고 하고, 일반 장사꾼들이나 시골사람들은 길거리 언어, 사전조차 없는 '암미아'를 사용해야 합니다. 또한 언어뿐만 아니라 생활용품 사용도 머리가 아픕니다. 전열기 스위치를 켜는 방향도 우리와 반대고, 글을 쓰는 것도 오른쪽에서 왼쪽으로 씁니다. 노트도 맨 뒷장이 첫

페이지입니다. 이런 부분들이 서양과 반대인 것을 보면 아랍 사람들의 정서가 배타적이라는 것을 느낄 수 있습니다. 자국 문화를 타 민족이 접근할 수 없도록 만들어 놓은 것 같습니다. 사실 아랍인들도 언어를 힘들어하니 외교관들이 아랍어를 완벽하게 구사하는 것은 당연히 힘든 일이겠죠.

Q 만수르는 얼마나 부자인가요?

A 어느 순간 '부자'를 표현하는 하나의 대명사가 바로 만수르가 되었습니다. 그가 우리나라에 알려진 건 2008년 잉글랜드 프리미어리그(EPL)의 맨체스터 시티를 인수하면서부터입니다. 그의 재산은 약 34조원으로 추정됩니다. 사실 만수르라는 이름은 아랍에서 남자 이름으로 흔히 쓰이는데 '승리를 거둔'(victorious)이란 뜻을 갖고 있습니다.

통상 아랍인들은 자기 이름 뒤에 아버지의 이름을 적는 것으로 알려져 있습니다. 즉 본인 이름 – 아버지 이름 – (할아버지 이름) – 가문 이름 순으로 이름이 만들어집니다. 맨시티 구단주 "셰이크 만수르 빈 자예드 알 나얀" 또한 그의 이름 앞에 붙은 '셰이크(Sheikh)'는 아랍권 지배계급 남성 이름에 붙는 칭호로 '족장', '최고 통수권자' 등의 뜻을 갖고 있습니다. 그의 수입은 1초에 13만원의 이자가 붙는다고 알려져 있습니다. 하지만 그런 만수르도 세계 200대 부자에는 포함되지 못한다고 알려져 있습니다.

Q&A로 학과 탐방하기!

언어학과

Q 언어학과에 대해 알려주세요.

A '나는 사과를 먹었다.' 이 문장에서 우리가 언어학적으로 분석할 수 있는 요소는 몇이나 될까요? 우선 음운론적으로 분석한다면 '나는'에 세 번 반복되는 'ㄴ'이 각각의 위치에서 어떻게 다르게 발음되는지를 조사해볼 수 있습니다. 형태론의 관점에서는 '먹었다'의 과거 시제 형태소 '- 었 -'을 분석할 수 있습니다.

이렇게 언어학에서는 일단 뭐든 쪼개고 봅니다. '분석'을 가장 기본적인 도구로 활용하는 학문이 언어학이니만큼, 분석하고 조사하고 또 그 과정을 탐구하는 것을 즐긴다면 더 없이 훌륭한 언어학도가 될 수 있습니다. 또, 언어학의 탐구 대상인 '언어'는 인류의 역사와 함께 변화해왔으며, 현재도 변화하고 있습니다. 앞으로도 언어는 계속 변화해나갈 것입니다. 이러한 언어의 역사를 따라가는 학문적 여행을 떠나길 주저하지 않는다면, 언어학은 여러분을 웃는 얼굴로 맞이할 것입니다.

Q 언어학과에서 어떻게 공부하나요?

A 언어는 물리적인 성질을 가진 소리에서부터 추상적인 형식인 담화, 의미의

단계까지 위계적으로 나누어 살펴볼 수 있습니다. 따라서 언어학과에서는 기본적으로 이러한 관점에 따라 언어를 음성학, 음운론, 형태론, 통사론, 의미론, 화용론, 담화분석 등으로 나누어 전공수업을 진행하고 있습니다(이론언어학).

특히 언어학과는 언어의 범위를 확장시켜 비언어기호(사진, 로고 등)의 구조와 의미를 공부하는 과목들을 개설하고 있으며(기호학), 최근 교육의 주된 방향인 코딩 및 프로그래밍 수업을 언어학의 주요 주제들과 연계하여 진행하고 있습니다(전산언어학). 또한 아이의 모국어 습득 및 어른들의 제2언어 습득의 본질과 원리를 탐구하기도 합니다(실용언어학).

➡ 이런 학생 언어학에 딱!

- 한 번 책을 읽으면 놓을 줄을 모른다.
- 국어, 영어, 제2외국어 등 언어들이 정말 재미있다.
- 문장을 끊어 읽거나 쪼개 읽는 습관이 있다.
- 사람마다 다른 말투, 다른 억양, 사투리가 있다는 점이 신기하다.
- 미국식 유머, 일본식 농담이 우리나라의 농담과 왜 다른지 궁금하다.
- 휴대전화의 음성인식과 컴퓨터 자동번역 기능의 작동원리가 궁금하다.

💬 언어학자가 가장 많이 받는 질문들

Ⓠ **몇 개 언어를 구사하나요?**

Ⓐ 여러 언어를 구사할 수 있는 폴리글랏(polyglot)과 언어들을 학문적으로 연구하는 언어학자는 다릅니다. 그래서 언어학자가 폴리글랏이 아니어도 전혀 이상할 게 없으며, 오히려 언어학과는 무관한 사람들이 폴리글랏인 경

우도 많습니다. 하지만 언어에 대한 기본적 원리에 친숙한 언어학자이기에, 개별 언어에 관심이 많고 배우려는 욕심도 많고 이해도 역시 비교적 높다고 생각합니다.

Q 국어과목을 잘 해야 하나요?

A 수학능력시험 과목으로 지정되는 '국어영역'은 사실 '한국어 수행능력 판단 시험'입니다. 국어 또한 개별 언어이니 이 역시 위의 질문과 연결되는 답변이기도 하네요. 언어학과의 과목을 전체적으로 살펴보았을 때 개별 언어에 대한 이해도보다는 전반적인 언어를 분석하는 것과 그에 따른 지식을 쌓는 과정이므로, 수능 성적과 언어학과 공부가 무관하다고 할 수는 없지만 그렇다고 결정적인 요소는 아니라고 생각합니다.

Q 글을 잘 쓰면 말을 잘하게 되나요?

A 개인의 언어 능력에 따라 다릅니다. 그러나 코퍼스를 통해 보다 많은 어휘를 접할 기회가 있고, 음운론 및 의미론, 기호학을 공부하면서 어떤 소리가 어떤 의미를 전달할 수 있고, 어떤 상황에서는 말이 어떤 쪽으로 해석될 수 있는지, 또 말하고자 하는 것이 상대방에게 무슨 기호로 받아들여질지 파악하는 과정을 거친다면, 그렇지 않은 사람보다 더 적절하고 매끄러운 언어 수행능력을 갖출 수 있는 가능성이 높기에 말을 잘할 수 있습니다.

한문학과

Q 한문학과에 대해 알려주세요.

A 중·고교시절 배웠던 '딱딱한 암기과목'이 가장 먼저 떠오를 것입니다. 또한 한문으로 쓴 글은 고리타분한 내용일 것이라고 생각하기 쉽습니다. 그러나 한문학 전공은 생각보다 훨씬 생동감 있고 재미있는 내용을 다루고 있습니다. 경서를 통해서 마음을 수양할 수 있을 뿐만 아니라 어렵게만 보이던 한자가 어떻게 만들어지고 변화해왔는지, 우리가 흔히 알고 있는 고전작품들이 어떻게 창작되었는지, 우리 조상들의 삶의 모습은 어떠했는지를 배우고 탐구할 수 있습니다.

Q 한문학과에서 어떻게 공부하나요?

A 전공에서 다루고 있는 영역을 폭넓게 공부하여 자신이 관심 있는 분야가 무엇인지 알아보아야 합니다. 경서수업을 비롯하여 한시, 소설, 산문 등의 다양한 수업을 통해 고문서, 불교, 자연과학에 관한 수업도 있을 정도로 배울 수 있는 분야가 많습니다.

Q 한자(漢字)와 한문(漢文)의 차이를 알고 계시나요?

A 한자와 한문을 구분해서 쓰지 않는 경우가 많지만, 한자와 한문은 엄연히 다릅니다. '한자'는 문자를 지칭하는 단어이고 '한문'은 문장을 지칭하는 단어입니다. 알파벳을 잘 안다고 영어를 잘 하는 건 아닌 것처럼 한자를 잘 안다고 한문을 잘 읽을 수 있는 것은 아닙니다. 한문학과에는 한자에 대해서도 배우고, 더 나아가 한문을 잘 읽는 인재를 양성하기 위한 교육 과정이 형성되어 있습니다.

Q 한문학과를 꿈꾸는 학생들에게 한마디 해주세요.

A 후배들에게 권하고 싶은 미래 진로는 전공 학자 외에도 전문 번역가나 인문학 출판 기획자 및 저술가, 그리고 박물관 학예사 같은 직종이 있습니다. 이를 위해서는 경서, 그 중에서도 특히 맹자를 중심으로 기초를 다지고, 한자학·동아시아한문학·문헌학과 관련된 강좌들을 폭넓게 공부할 필요가 있습니다.

자신의 인생 목표를 설정하고 이를 성취하기 위해서 하나하나 착실하게 준비하기 바랍니다. 또 해외 체험의 기회가 있을 때 놓치지 말고 견문을 넓혔으면 좋겠습니다. 우리가 공부하는 한문학이야말로 당시 세계와 소통하던 개방적이고 국제적인 학문입니다.

프랑스학과

Q 프랑스어를 사용하는 사람은 많나요?

A 프랑코포니(Francophonie)는 프랑스어권 국가로 정회원국 54개국, 준회원국 4개국, 참관국가 26개국(한국은 2016년부터 참관국)으로 이루어지며, 현재 세계적으로 프랑스어 상용인구는 약 1억 2천 8백만 명, 사용하는 인구는 약 7천 2백만 명입니다. 또한 프랑스어 학습인구는 약 1억 명 정도로 추정됩니다.

이는 영어학습 인구 다음으로 많은 숫자입니다. 이렇게 많은 나라에서 사용하고 있기 때문에 국제기구(UN, WHO, WTO, NAFTA, OECD, IOC 등)에서 프랑스어를 공식 언어로 지정할 정도입니다. 프랑스어가 이처럼 널리 사용되고 있다는 것은 불어불문학의 미래가 그만큼 밝다는 것을 보여줍니다.

Q 불어불문학과에서 어떻게 공부하나요?

A 불어불문학과의 전공수업은 프랑스어를 익히기 위한 기초 언어 수업과 시, 소설, 언어에 대한 기초이해를 시작으로 언어트랙, 문학트랙, 번역트랙의 세 가지 심도 있는 전공 분야로 나아갑니다. 언어트랙에서는 프랑스 문법, 말하기, 글쓰기, 역사와 문화, 미디어 등에 대해 수업하며 자유롭게 프랑스어를 익히도록 돕습니다.

문학트랙에서는 프랑스의 시와 문학, 소설, 희곡, 비교문학을 다루며 고전에서 현대에 이르는 프랑스 문학 전반을 망라합니다. 마지막으로 번역트랙에서는 프랑스의 문학적인 글부터 비평적인 글을 글감으로 삼아 번역을 연습하고 번역이론을 배움으로써 뛰어난 프랑스어 번역가를 양성합니다.

➜ 이런 학생 불어불문학에 딱!

• 프랑스어를 잘 구사할 능력과 의지를 가졌다고 생각한다.
• 외국어 공부를 좋아하고, 우리말 번역에 재능이 있다.
• 소설읽기를 좋아하고 인문학 및 문학 전반에 대한 이해도가 높다.
• 프랑스 문화 분야의 전문가가 되기 위해 유럽 전반의 흐름에 민감하다.
• 프랑스의 문화와 예술 자유로움에 끌린다.

불어불문학과 교과목표와 연계전공, 졸업 후 활동 분야 안내			
교과목표	교과목	연계전공	졸업 후 활동 분야
0. 기초 공통	프랑스어 문법, 독해, 회화, 작문		
1. 문화, 정보 산업의 인재양성	프랑스 문화, 문학, 언어학, 번역학	철학, 사회학, 언론학, 예술학, 미술사, 미학, 연극, 영화	문화비평, 언론홍보, 예술경영, 행사기획, 통번역전문가

2. 국제화 지역개발 분야의 인재양성	프랑스문화, 실용프랑스어, 경영프랑스어	경영학, 경제학, 정치외교학, 행정학, 법학	국제경영, 행정, 외교, 법률전문가
3. 인문학의 최고급 인재양성	프랑스 문학, 언어학, 번역학	국어국문학, 동서양외국어문학, 문예창작	불어불문학자, 문화예술창작, 비평가, 문화전문언론인, 출판편집인

일본어학과

Q 일본어와 일본문화를 이해해야 하는 이유는?

A 일본은 거리상으로는 가장 가까운 나라이면서도 과거사 문제, 독도문제 등으로 인해 유난히 멀게 느껴지는 나라이기도 합니다. 하지만 우리 주위를 한번 둘러보면 당장 우리가 사용하고 있는 각양각색의 일본산 공산품을 시작으로 음식, 영화, 애니메이션 등 일일이 다 열거하기 힘들 정도로 많은 '생활 속의 일본'에 적잖이 놀라게 됩니다.

우리는 이러한 현상의 원인과 그 배경에 대해 보다 객관적이고 체계적으로 접근하여 이해할 필요가 있습니다. '일본이 고령화 사회를 어떻게 대비했는지?' 등 반면교사를 삼아 우리의 미래를 준비하는 데 많은 도움을 받을 수 있을 것입니다.

Q 일어일문학과에서 어떻게 공부하나요?

A 일본문화는 애니메이션, 드라마, J-POP만 있는 것이 아닙니다. 일본의 언어, 문화, 역사, 정치, 외교 관계를 통해 동아시아 관계를 이해하는 데 도움이 됩니다. 또한 앞으로의 발전 관계에 대한 새로운 시각에서 바라보아

야 하므로 일본과 일본인 그리고 문화를 익히는 것이 중요합니다.

Q 일어일문학과를 꿈꾸는 학생들에게 한마디 해주세요.

A 일본어를 전공하고자 하는 수험생들은 아마도 대중문화에 관심이 많은 학생일 것 같습니다. 그러나 본인이 취미로 생각하던 일본어도 본격적인 전공을 하게 되면 어려운 부분이 많습니다. 한국인으로서 일본의 언어, 문화, 역사, 정치와 같은 부분의 전문가가 된다는 자부심을 가지고 학부생활을 한다면 좋은 결실을 맺을 수 있을 것입니다.

스페인어학과

Q 스페인어를 공부해야 하는 이유는 무엇일까요?

A 스페인 사람들의 생활방식, 역사, 민족의 특성 등을 공부하게 됩니다. 이러한 문화들은 우리나라 문화와 다소 차이가 있기 때문에 쉽게 흥미를 잃게 되기도 합니다. 스페인 문화에서 이해가 되지 않는 부분도 있지만, 화끈하고 따뜻한 정을 중요시하는 스페인어권 문화는 우리나라의 문화와 닮은 부분도 있습니다.

서어서문학과가 갈수록 중요성이 커지는 이유는 현재 대한민국과 스페인어권 국가들과의 정치, 경제적 교류가 나날이 확대되고 있기 때문입니다. 칠레에 이어 최근에는 페루, 콜롬비아, 온두라스, 코스타리카 등과 자유무역협정(FTA)을 체결하였습니다. 21세기 글로벌시대를 맞아 문화, 예술, 스포츠, 여행, 방송 등 다방면에 걸쳐 교류의 폭이 급격하게 증가하고 있기에 스페인어는 중요합니다.

특히, LG, 삼성, 현대, 기아 등 대기업들뿐만 아니라 중소기업들도 많이 진출하여 취업하는 데 도움이 될 것입니다.

Q 서어서문학과에서 어떻게 공부하나요?

A 스페인어권 문화는 스페인 및 라틴아메리카 사람들의 사고방식, 문학 등을 포함하며, 이를 제대로 이해하기 위해서는 이 지역의 역사, 문화, 언어 등에 관한 종합적인 학습이 필요합니다. 돈키호테 등의 흥미진진한 스페인 문학 및 문화, 찬란한 마야, 아스테카, 잉카 문명을 이해하는 것이 중요합니다.

➡ 이런 학생 서어서문학에 딱!

• 문학수업에 대한 흥미와 언어학에 대한 열정이 있고 이 두 가지를 모두 공부해보고 싶다.
• 중·고등학교 시절 우연히 접한 '돈키호테'의 매력에 푹 빠졌다.
• 사회 시간에 배운 잉카, 아스테카, 마야 문명의 신비함을 통해 알게 된 스페인과 라틴아메리카 문화의 향취를 느껴보고 싶다!
• 많은 사람들이 생각하는 영어, 중국어가 아닌 스페인어에 대해서 생각해왔다.
• FC바르셀로나와 레알 마드리드의 경기를 보며 느꼈던 스페인의 낭만을 직접 체험하고 싶다.
• 전 세계적으로 전도유망한 라틴아메리카 시장에 도전장을 내밀고 싶다.

Q 서어서문학과를 꿈꾸는 학생들에게 한마디 해주세요.

A 스페인어를 구사할 줄 아는 대한민국 1%의 인재가 될 수 있습니다. 스페인

어권 문화의 핵심은 정열과 낭만이라고 할 수 있습니다. 스페인어는 재미 뿐만 아니라 직업의 유망성 또한 보장해줍니다. 스페인어는 활용 가능성이 매우 높은 언어로 급부상하고 있습니다. 여러분이 스페인어를 바탕으로 세계로 뻗어나가는 글로벌 인재가 되기를 희망합니다.

독일어학과

Q '독일문학' 하면 생각나는 것은 무엇인가요?

A "네 아들의 머리 위에 놓인 사과를 활로 쏘아 맞추면 아들을 살려주겠다." 어릴 적 누구나 한 번쯤은 들어보았을 이 이야기는 독일 고전주의를 빛낸 작가 프리드리히 쉴러(Friedrich Schiller)의 빌헬름 텔(Wilhelm Tell)에 나오는 이야기입니다. 빌헬름 텔이 명중시킨 사과는 자유를 향한 스위스 국민의 저항과 투쟁을 상징합니다. 이처럼 우리가 잘 알고 있는 이야기 중에는 유서 깊은 독일어권 역사와 문화를 배경으로 하고 있는 경우가 많습니다.

Q 독어독문학과에서 어떻게 공부하나요?

A 기초적인 독일어 학습, 독어학과 독문학, 독일 지역학과 문화, 번역으로 나뉘어 있고, 전공학습에 반드시 필요한 독일어에 대한 체계적이고 심층적인 이해, 독일 지역과 문화에 대한 지식 습득, 독일어와 독일문학에 대한 체계적 학습, 독한 및 한독 번역능력 제고를 목표로 합니다. 교육과정은 아래를 참고하면 이해가 잘 될 것입니다.

2학년 1학기	2학년 2학기	3학년 1학기	3학년 2학기	4학년 1학기	4학년 2학기
독어CEFR(A2-1)	독어CEFR(A2-2)	독어CEFR(B2-1)	독어CEFR(B2-2)	독어CEFR(B2-1)	독어CEFR(B2-2)
회화연습(A2-1)	회화연습(A2-2)	ZD회화연습(B1-1)	ZD회화연습(B1-2)		
독일의 생활문화	독일의 대중문화	독일어권 문화와 예술	독일의 정치와 경제	독일사상과 문화의 흐름	문화이론
독어학개론	독어학과 문화이해	독어학연습	의사소통의 독어학	독일어와 수사학	실용독어학
독문학개론	독일명작의 고향	독희곡의 이해	독산문강독	독일동화와 민담	독일청소년 문학
	독일문학사	독시선독	독소설의 이해	독일문학과 정치	
독한번역의 이해	독한 번역연습	독문학 작품번역	인문사회 번역	시사번역	한독 번역연습

➡ 이런 학생 독어독문학에 딱!

- 독일어를 비롯한 외국어 공부에 남다른 열정과 애정을 느낀다.
- 독일, 오스트리아, 스위스 등의 독일어권 지역과 문화에 대해 관심과 흥미를 가지고 있다.
- 독일에서는 어떻게 인문학, 사회과학, 자연과학, 예술 등이 두루두루 발달했는지 궁금하다.
- 괴테, 브레히트, 헤세, 릴케, 카프카 등의 작품을 통해 문학적 상상력을 채우고 싶다.

Q 독어독문학과를 꿈꾸는 학생들에게 한마디 해주세요.

A 독일은 미국, 중국에 이은 경제대국입니다. 우리가 잘 아는 BMW, Benz, Audi 등의 자동차 회사를 시작으로 BASF와 Bayer 등의 화학기업까지, 세계적으로 널리 알려진 다국적 기업이 많은 나라입니다.

또한 유럽연합이 재정 건전성의 악화로 고전하는 그리스와 남부유럽을 지원해주고 있는 나라가 독일입니다. 독어독문학과에서 배운 독일어 실력과 독일어권 지역과 문화에 대한 이해를 바탕으로 국제적으로 활동할 수 있는 감각을 기른다면 폭넓은 직업 선택의 기회를 얻을 수 있습니다.

계열별 연계 도서와
동영상을 추천해주세요

국어국문학을 위한 추천도서와 동영상

💬 추천도서

도서명	저자명	출판사
고향	이기영	문학과 지성사
천변풍경	박태원	문학과 지성사
정지용전집	정지용	민음사
무정	이광수	민음사
백석 시전집	백석	창작과 비평사
한국어의 탐구와 이해	정경일	박이정
논어	공자	홍익
젊은이를 위한 문학이야기	정명환	현대문학

💬 국어국문학과 추천 동영상

EBS 입시 핫 라인(학과선택) - 국어국문학과

출처 : 유튜브(YouTube)

1.
한국문학사 ▶

성결대학교 | 류해춘 | 2019년 2학기

한국문학 역사의 흐름을 통시적으로 이해하고, 각 시기별 문학갈래의 생성, 변화, 소멸에 따른 상호관련성을 시대사의 흐름과 연관지어 이해한다. 1) 한국문학사의 흐름을 체계적으로 이해...

▤ 차시보기 | ◻ 강의담기

2.
한국문화비평연습 🎥

고려대학교 | 이창민 | 2018년 2학기

문학·영화·드라마공연 등을 포함하는 포괄적인 문화 영역을 대상으로 하는 현대 문화 비평의 동향을 탐색하고, 그 이론적 준거 및 실제적 기술을 검토함으로써 한국 현대 문화 전반에 대한...

▤ 차시보기 | ◻ 강의담기

4.
서정의 인문학 Ⓐ

협성대학교 | 김병호 | 2019년 2학기

4차 산업혁명 시대에 인문학은 문화콘텐츠 산업내에서 아주 중요한 위치를 차지하고 있다. 특히 인문학은 문화의 다양한 해석 코드를 제공해주면서 인간의 지적 욕망을 소화해내고 있다. 본 ...

▤ 차시보기 | ◻ 강의담기

5.
인문콘텐츠와 스토리텔링 ▶

대구한의대학교 | 강민희 | 2018년 2학기

본 교과목은 21세기 지식기반 경제의 핵심으로 자리 잡고 있는 문화콘텐츠와 그 근간인 스토리텔링에 대한 기초적인 지식과 이해를 돕기 위해 마련되었다. 본 교과목의 이수를 통해 문화콘텐...

▤ 차시보기 | ◻ 강의담기

6.
국어의 음운체계 🎥

서강대학교 | 김한별 | 2018년 2학기

국어의 음운 체계는, '국어'를 대상으로 하여 말소리가 조음되고 청취되는 물리적 생리학적 원리를 이해하고, 그것을 바탕으로 하여 국어의 말소리가 우리의 인식과 관련하여 어떻게 운용되는...

▤ 차시보기 | ◻ 강의담기

출처 : KOCW

노어노문학을 위한 추천도서와 동영상

💬 추천도서

도서명	저자명	출판사
현대 러시아 읽기	남혜연	고려대학교
우리시대의 영웅	미하일 레르몬토프	민음사
러시아 문학의 맛있는 코드	석영중	예담
대위의 딸	알렉산드르 푸슈킨	열린책들
뇌를 훔친 소설가	석영중	예담
러시아 문화사 강의	니콜라스 르제프스키	그린비
체호프 단편선	체호프	민음사
사람은 무엇으로 사는가	톨스토이	문예

💬 노어노문학과 추천 동영상

대학전공별진로가이드(별별전공,별별직업)_노어노문학

출처 : 유튜브(YouTube)

러시아 사회구조와 사회발전 ▶
배재대학교 | 김우승 | 2018년 2학기
📖 차시보기 | 🗂 강의담기

러시아역사기행 ▲X
부산외국어대학교 | 박태성 | 2019년 1학기
전공 지역으로 선택한 러시아의 지역연구 심화과정으로 역사를 학습 -우리 민족과 역사적으로 불가분의
인연을 맺고 있으므로, 우리 인적 자원이 활동해야 할 무대를 탐구 -해외 진출을 ...
📖 차시보기 | 🗂 강의담기

러시아개관 🎥
부산외국어대학교 | 박태성 | 2018년 1학기
러시아의 과거와 현재에 대한 제반 측면을 개괄적으로 설명 러시아를 이해할 수 있는 주요 내용을 이슈별
로 정리하여 학습 러시아의 지리·역사적 배경과 연방의 구성, 현대 러시아의 정치...
🔲 차시보기 | 🗂 강의담기

러시아문학사1 ▶ 🎥
고려대학교 | 최정현 | 2017년 1학기
노어노문학과의 노문학 전공선택 과목 중 가장 기본적인 성격의 과목으로서 러시아문학 학습의 입문 성격
이자, 고학년들에겐 러시아 문학에 대한 귀납적인 최종정리의 역할을 동시에 해낼 수 있...
🔲 차시보기 | 🗂 강의담기

러시아 지역연구 ▶
대전대학교 | 계동준 | 2017년 2학기
러시아에 대한 이해를 높임으로서 대한민국과 러시아간의 상호발전을 도모한다.
🔲 차시보기 | 🗂 강의담기

러시아어 입문 🅰
배재대학교 | 김태진 | 2016년 1학기
🔲 차시보기 | 🗂 강의담기

출처 : KOCW

중어중문학을 위한 추천도서와 동영상

💬 추천도서

도서명	저자명	출판사
붉은 수수밭	모옌	문학과 지성사
이야기 동양신화	정재서	김영사
중국 속으로	kbs 신국부론 중국 속으로	베가북스
주제별로 만나는 중국문화 14강	최병규	한국문화사
중국문화풍경	주성화	한림대학교

아큐정전	루쉰	마리북스
처음 읽는 중국사	전국역사교사	휴머니스트
차이나 핸드북	성균관대학교	김영사

💬 중어중문학과 추천 동영상

한국인에게 중국어란 : 중국어 발음과 한-중어의 교집합
엄익상 | 한양대학교
2019/09/09 ~ 2019/11/24

중국고전 명시의 이해와 낭송
| 부산외국어대학교
2018/06/25 ~ 2018/09/10

출처 : K-MOOC

실용중국어 2 ▶
선문대학교 | 이순형 | 2019년 1학기
초급과정에서 배운 중국어 기본 문형 패턴을 확장시킨다. 활용빈도가 높은 어휘를 공부하고 그 단어를 사용하여 중급단계의 회화를 할 수있도록 한다. 중요 단어 300개를 충분히...
📖 차시보기 | ➡ 강의담기

실용중국어 2 📝
선문대학교 | 김영란 | 2019년 1학기
이 교과목은 중국어 입문단계의 학습을 완료한 학습자의 말하기, 듣기, 쓰기, 읽기능력을 길러 의사소통역량의 신장을 목표로 하는 교과목이다. 이 교과목을 통하여 학습자가 문장조직패턴을 ...
📖 차시보기 | ➡ 강의담기

실용중국어 1 ▶
선문대학교 | 이순형 | 2019년 1학기
1.중국어를 처음 학습하는 학습자들에게 중국어 기초를 강의합니다. 2. 중국어의 기본 발음을 배우고 연습합니다. 3. 기본 어휘와 문형을 통해 기초 중국어 회화를 연습합니다.
📖 차시보기 | ➡ 강의담기

중국어 ▶

동신대학교 | 김희성 | 2018년 2학기

중국어의 발음 '성모·운모·성조'와 '한어병음'을 정확하게 발음할 수 있다. 배운 기본구문을 활용하여 실생활에서 사용하는 기초회화를 구사할 수 있다.

▣ 차시보기 | ↪ 강의담기

영어영문학을 위한 추천도서와 동영상

💬 추천도서

도서명	저자명	출판사
다섯째 아이	도리스 레싱	민음사
갈매기의 꿈	리처드 바크	나무옆의자
멋진 신세계	올더스 헉슬리	문예출판사
노인과 바다	어니스트 헤밍웨이	문학동네
영어에 관한 21가지 오해	로비 바우어	한신문화사
셰익스피어 4대 비극 세트	윌리엄 셰익스피어	민음사
미국생활과 문화탐방	알리슨 라니에	동인
이야기 미국사	이구한	청아출판사

💬 영어영문학과 추천 동영상

Tim Doner

언어 장벽 깨기

posted Marth 2014

Chris Lonsdale
어떤 영어든 6개월 만에 습득하는 방법
posted November 2013

출처 : TED Talk

베트남어학을 위한 추천도서와 동영상

💬 추천도서

도서명	저자명	출판사
설치예술	호 안 타이	글누림
작은 비극	레 민 쿠에	글누림
츄아 마을의 더블 베드	도안 레	글누림
엄마와 딸	마 반 캉	글누림
경비원	뉴엔 녹 투안	글누림
왜 베트남 시장인가	유영국	클라우드 나인

💬 베트남어학과 추천 동영상

초급베트남어 ⚡
부산외국어대학교 | 배양수: | 2011년 1학기
초급 베트남어를 통해 베트남 알파벳부터 성조, 문법 까지 초급 수준의 베트남어를 이해하고 읽고, 듣고 말할수 있다.
▤ 차시보기 | 🔖 강의담기

중급베트남어 ⚡
부산외국어대학교 | 황귀연 | 2012년1학기
초급 컨텐츠로 개발된 베트남어 e-learning 교안과 연계하여 중급 수준의 언어 습득이 가능하도록 한다.
▤ 차시보기 | 🔖 강의담기

출처 : KOCW

아랍어학을 위한 추천도서와 동영상

💬 추천도서

도서명	저자명	출판사
내게는 특별한 아랍어를 부탁해	김재희	다락원
아라비안 나이트	작자 미상	현대지성
아랍(오스만제국에서 아랍 혁명까지)	유진 로건	까치
이희수 교수의 이슬람	이희수	청아출판사
아랍문화사 (아랍인과 이슬람 문화의 참모습을 발견하다, ARAB CULTURAL HISTORY)	전완경	한국학술정보

💬 아랍어학과 추천 동영상

종료(청강가능)

초급 아랍어

윤용수 외 1명 | 부산외국어대학교
2019/12/16 ~ 2020/02/29

종료(청강가능)

초급아랍어 입문과정

윤현호 | 단국대학교
2020/02/18 ~ 2020/03/31

출처 : K-MOOC

구어체 아랍어 I ▶

부산외국어대학교 | 이규철 | 2014년 2학기

이 과목에서는 아랍어 방언의 전체적인 기본 문법과 문어체와의 차이점을 익히고, 여러 구어체 방언 중에서 이집트아랍어(카이로아랍어) 및 다른 아랍어방언을 택하여 실용적인 회화어를 연습한다. 여기에서는 특히 아랍국 현지에서 바로...

⊞ 차시보기 | ▐➔ 강의담기

초급아랍어 ▮

부산외국어대학교 | 전완경 | 2011년 1학기

초급 아랍어를 통해 아랍어 알파벳을 익히고 초급 수준의 아랍어 문법을 이해하고 읽고, 듣고 말할 수 있다.

⊞ 차시보기 | ▐➔ 강의담기

중급아랍어문법(2) ▶

한국외국어대학교 | 김수완 | 2017년 2학기

1. The purpose of this course is to introduce intermediate Arabic Grammar for students. 2. Students will reinforce the basic...

⊞ 차시보기 | ▐➔ 강의담기

출처 : KOCW

PART
3

언론·미디어계열
진로 사용설명서

대학에 들어가서
수강하는 과목

언론정보/신문방송학과에서 수강하는 대표 과목은?

🖊 매스컴원론

매스커뮤니케이션의 본질, 사회적 기능과 효과에 관한 기초 이론, 미래 정보 사회의 미디어 전망 등을 소개하고 현대 사회와 매스커뮤니케이션의 관계에 대해 배운다.

🖊 방송원론

전자 미디어로서의 방송의 본질과 특성, 방송 메커니즘, 그리고 미디어 환경 변화 전반에 대해 역사, 기술, 프로그램, 윤리법제, 경제 등의 다양한 측면에서 배운다.

🖊 방송제작론

방송 프로그램 제작 과정, 제작 기술 및 제작 연출 기법 등에 관한 기초 이론과 지식을 이해하는 데 중점을 두고 프로그램 장르별 제작 기획 설계 방법에 대해 배운다.

📝 취재보도론

뉴스란 무엇이며 뉴스를 어떻게 취재하고 보도해야 되는가를 이론적으로 접근하고 구체적인 기사작성법에 대해 기사 구조를 중심으로 배운다.

📝 홍보론

홍보의 의미와 목적, 그리고 발전 과정을 검토하고 각 조직체의 홍보 활동에 대한 다양한 사례 분석을 통해 홍보 커뮤니케이션 현상의 특성에 대해 배운다.

📝 언론윤리

윤리적 결정을 내릴 때 고려되어야 할 여러 가지 철학적 관점은 물론 언론과 관련한 윤리적 결정을 위해 필요한 현실적 고려 사항들이 무엇인지를 배운다.

📝 방송저널리즘

방송 저널리즘은 구체적으로 무엇을 지칭하며, 다른 매체의 저널리즘 기능과 어떻게 다른지, 또 구체적으로 방송 저널리즘의 형식은 무엇인가를 배운다.

언론자유의 역사와 그 철학적 기초는 물론 사전검열, 명예훼손법, 음란법, 저작권법, 사생활보호법, 각종 정부의 규제 등 언론의 활동에 영향을 미치는 법을 배운다.

Q 언론정보/신문방송학은 어떤 학과인가요?

A '의사소통은 현대 사회의 기둥'이라는 말이 있습니다. 다양한 의견과 취향이 존재하는 사회에서 소통은 타인을 이해하는 데 필수적입니다. 언론·방송·매체학과는 원활한 소통을 위해 신문, 방송, 영상 매체 등 대중매체에 대해 연구합니다. 바람직한 미디어 문화와 대중매체의 발전에 기여하는 전문 인력을 양성하는 학과입니다.

Q 언론정보/신문방송학과를 진학하는 학생들은 어떤 흥미와 적성을 가지고 있나요?

A 언론·방송·매체학을 전공하기 위해서는 다양한 사회현상에 대한 안목을 기르는 것이 중요합니다. 신문이나 방송을 통해 사회의 흐름을 살피는 데 관심이 많은 학생에게 적합합니다. 기자 등 언론인이 되기 위해서는 글짓기 능력을 갖추는 것이 필요하며, 방송 및 영상학 공부를 위해서는 창의력과 예술적 감수성을 갖추는 것이 중요합니다. 특히 사람에 관련된 내용을 전달하는 학문이기 때문에 인간 자체에 대한 애정과 상식(Common Sense)적인 사고의 틀이 대단히 중요하다고 생각합니다.

Q 언론정보/신문방송학 관련학과에는 어떠한 학과들이 있나요?

A 공연영상창작학부(공간연출전공), 국제자유전공학부 영상연기&제작전공, 글

로벌예술학부(TV방송연예전공), 드라마특수영상전공, 문화예술학부 방송영상전공, 미디어커뮤니케이션학부, 방송·영상·뉴미디어전공, 방송·영상콘텐츠학과, 언론영상광고학과, 언론정보문화학부, 언론정치학부, 저널리즘전공, 커뮤니케이션·미디어학부 등이 있습니다.

Q 언론정보/신문방송학 관련 자격증에는 어떠한 것들이 있나요?

A 특별히 정해진 국가공인자격과정이 있는 것은 아닙니다. 주요 지상파방송사 등 채용시험 응시 시 TOEIC 공인영어성적 제출을 요구하는 경우가 많습니다. 또한 KBS한국어능력시험 성적이 필수로 요구되는 경우가 있습니다.

Q 언론정보/신문방송 계열 학과에 진학하기 위해서는 어떤 활동을 하는 게 좋을까요?

A 정해진 활동이 있다기보다는 여러 방면의 다채로운 활동을 경험해보기를 추천합니다. 추가적인 활동에 대해 소개하면, 대학생들이 대외활동으로 뉴스지킴이 활동을 합니다. 뉴스 저작권에 대해서 블로그에 글을 게시하기도 하고 영상도 제작하는 활동을 합니다. 이렇듯 대학생들이 하는 활동들을 보는 것도 중요한 공부라고 생각합니다.

Q 언론정보/신문방송학을 지망하는 학생들에게 한마디 해주세요.

A 의사소통을 기본으로 하는 학문이기 때문에 자신의 생각을 정확히 표현할 수 있는 능력이 필요합니다. 그러기 위해서는 고등학교에서 논술과 관련된 국어, 사회, 윤리 등의 과목에서 자신의 생각을 정리할 수 있도록 열심히 공부하는 것이 필요합니다. 그리고 특히 실용학문이기 때문에 현재 이슈가 되고 있는 내용에 대한 관심을 가지고 자신의 생각을 정리하는 활동을 한

다면 교과 세특뿐만 아니라 전공에 관한 탐구활동에도 많은 도움이 될 것입니다.

디지털미디어학에서 수강하는 대표 과목은?

🖋 프로그래밍실습

다양한 플랫폼에서 동작할 수 있는 자바 언어의 구조와 작성법을 배우고 객체와 클래스, 자바 애플릿의 사용법을 익혀 네트워크 애플리케이션의 제작 능력을 기른다. 애플릿 컴포넌트 객체 활용을 통한 웹 페이지에 종적 기능을 부여하는 능력을 기른다.

🖋 멀티미디어실습

멀티미디어 저작 도구를 활용하여 좋아하는 음악, 영화, 뮤직비디오, 인터넷 TV를 편집하고, 멀티미디어의 핵심인 동영상과 사운드에 관련된 압축기법, 형식변환, 활용사례, 관련 프로그램의 사용법 등 실질적인 활용 방법 위주로 학습한다.

🖋 디지털콘텐츠기획

디지털 콘텐츠 시장이 점차 확대됨에 따라 훌륭한 기획 및 제작 인력을 길러낼 수 있도록 산업체에서 필요한 기술을 배운다.

유비쿼터스

유비쿼터스 네트워킹이 현실에서 응용되고 있는 분야를 조사하고, 유비쿼터스 컴퓨팅의 이해 및 기업환경의 혁신에 적용될 수 있는 기술에 관한 이해를 중심으로 배운다.

유비쿼터스 컴퓨팅 환경에서의 다양한 기술과 알아야 할 많은 내용들을 배우고, 국내를 비롯한 선진 외국의 유비쿼터스 동향과 미래 전망에 대해 폭넓게 이해한다.

인터넷 활용

인터넷의 개념, 네트워크 기초, 인터넷 주요 서비스 및 활용 방법, 정보 관리, 인터넷의 법규와 네티켓, 보안 및 응용 기술에 대해 학습한다.

모션그래픽스

영상 디자인 트렌드와 영상 실무 제작 과정을 이해하고, 애프터이펙트 CS5의 기본기능을 익힌다. 기본 이펙트를 사용하여 영상을 제작하는 단계로 자신만의 스타일과 기법을 배운다.

영상편집

영상물 제작 시 주요 단계인 영상편집기술에 대해 익힌다. NLE(Non Linear Editing) 시스템의 구성과 해당 프로그램의 사용법을 익히고 이를 통하여 과제로 영상물을 만든다.

Q 디지털미디어학에서는 무엇을 배우는 학과인가요?

A 디지털미디어학과는 디지털 콘텐츠, 전자출판, 이러닝 등의 결합을 통한 에듀테인먼트 기획 및 제작을 위한 실무 중심의 인재를 양성하는 학과입니다. 디지털미디어학과는 다양한 콘텐츠의 표현을 위한 정적(static)·동적(dynamic) 영상과 그래픽스, 사운드, 애니메이션 등 다양한 콘텐츠 제작기술 및 통합기술, 새롭게 등장한 e러닝과 u러닝의 실무 기술, 사용자와의 직관적 인터페이싱 방식 등 공학적 기술 등을 배움으로써 게임, 애니메이션, 멀티미디어 및 콘텐츠 제작 기술 분야의 전문가 양성을 교육목표로 두고 있습니다.

Q 디지털미디어학과를 진학하는 학생들은 어떤 흥미와 적성을 가지고 있나요?

A 사회문화현상에 대한 궁금함을 가지고 지적 탐구심과 미적 아름다움을 추구하고 이를 구현하길 좋아하는 학생이라면 적합할 것이라고 생각합니다.

Q 디지털미디어와 관련학과에는 어떤 학과들이 있나요?

A IT미디어학과, 뉴미디어콘텐츠과, 디지털미디어전공, 디지털방송과, 미디어창작학부, 스마트미디어과 등이 있습니다.

Q 디지털미디어학과 관련 자격증에는 어떤 것들이 있나요?

A 멀티미디어콘텐츠제작전문가, 디지털영상편집, GTQ(그래픽기술자격), 리눅스마스터, 웹디자인기능사, 정보처리산업기사, 정보기기운영기능사, 컴퓨터그래픽스운영기능사 등이 있습니다.

Q 디지털미디어계열 학과에 진학하기 위해서는 어떤 활동을 하는 게 좋을까요?

A 디지털미디어는 인문학적 요소가 많이 가미되어 있기 때문에 철학과 심리학에 대한 공부도 해보길 추천하고 싶습니다. 또한 미디어계열은 고등학교에서 방송부 활동을 하면서 방송기기에 대한 기본이해를 갖춘 학생들이 많습니다. 단순히 방송을 송출하는 것만이 아니라 콘텐츠를 기획, 촬영, 제작하고 이를 편집하는 일련의 과정에서 기본기가 탄탄히 다져질 것이라고 생각합니다.

Q 디지털미디어학을 지망하는 학생들에게 한마디 해주세요.

A 책을 많이 읽어두길 권하고 싶습니다. 여기서 말하는 책은 흥미위주이거나 교과내용을 이해하기 위한 목적의 책읽기와 진로 관련 독서를 벗어나 조금 난이도가 있는 철학과 심리학, 예술을 다룬 인문학 서적을 읽어 볼 수 있길 권하고 싶습니다. 또한 자유롭게 생각하는 힘을 길러보길 바랍니다.
한국영화 최초의 아카데미감독상을 수상한 봉준호 감독과 예능오락 프로그램 콘텐츠의 최강자로 꼽히는 나영석PD는 어렸을 때부터 주변에서 일어나는 소소한 경험을 지나치지 않고 이를 기록하고 기억해 두었다가 자신의 작품에 하나하나 녹여냈습니다. 이것이 보는 이로 하여금 공감과 즐거움을 얻게 한 원동력이 되었습니다. 좋은 콘텐츠는 어느 날 뚝딱 만들어지는 것이 아니라, 일상의 경험이 오랜 퇴고의 과정을 거치며 만들어진다는 것을 깨달아 즐겁게 경험해나가길 바랍니다.

게임미디어학에서 수강하는 대표 과목은?

✏️ 2D그래픽 실기

2D 게임의 제작을 위한 2차원 그래픽 제작 기법을 배우고 그래픽 이미지의 제작, 편집 도구의 사용법과 게임 그래픽의 기본 개념을 익힌다.

✏️ 게임개론

컴퓨터 게임의 역사와 장르, 기획, 제작 과정, 서비스 등의 전반적인 내용을 학습하여 컴퓨터 게임 전체에 대한 이해를 도모한다.

✏️ 게임기획론

다양한 장르의 좋은 게임을 제작하기 위한 스토리보드, 디자인, 유저 인터페이스, 밸런싱 등을 학습하고 문서 작성 능력과 조직을 이끌 수 있는 능력을 기른다.

✏️ 게임알고리즘

2D, 3D 게임에서 자주 사용하는 길찾기, 플로킹 등의 알고리즘과 자연스러운 게임을 제작할 수 있는 게임 인공지능 분야를 학습한다.

📝 게임자료구조

소프트웨어를 개발할 때 필요로 하는 다양한 자료구조를 실습을 통해 학습하여 효율적인 프로그래밍을 할 수 있도록 한다.

📝 게임아트

게임 배경 컨셉 아트에 대한 개념을 파악하고 배운다.

📝 3D그래픽디자인

문서화된 것을 이미지로 바꾸고 그것을 3D로 제작하는 일련의 과정을 배운다.

📝 게임캐릭터디자인

게임 캐릭터 디자인의 의미와 멋진 캐릭터를 만드는 방법을 배운다.

Q 게임미디어학은 어떤 학과인가요?

A 컴퓨터게임과는 창의성과 세밀함을 통해 컴퓨터게임 산업의 네트워크 인프라를 활용하여 보다 국제적이며 폭넓은 소비층을 확보할 수 있는 산업 분야를 다룹니다.

컴퓨터게임과는 인터넷의 폭발적인 성장, 컴퓨팅 파워의 향상, 개인 이동통신 서비스의 일반화 등 새로운 기술 흐름을 통하여 고부가가치를 창출하는 첨단 문화산업으로서 컴퓨터 게임 분야의 전문 인력 양성을 교육목표로 합니다.

Q 게임미디어학과를 진학하는 학생들은 어떤 흥미와 적성을 가지고 있나요?

A 게임을 잘하는 것과 게임을 개발하는 것을 동일하게 생각하는 학생들이 있습니다. 물론 게임을 잘하는 학생이 이 분야를 준비한다면 도움이 되는 부분이 있을 거예요. 가령 게임을 플레이하면서 버그 발생이나, 개선해야 할 부분을 유저의 입장에서 조언할 수 있기 때문이죠. 개발자에게 필요한 것은 무엇보다 자유롭게 사고하는 것과 이를 통한 창의적 발상과 응용을 즐겨하는 학생에게 적합할 거라고 봅니다.

앞으로의 게임은 즐김을 넘어 가상현실을 통한 배움의 장이 될 것입니다. 이러한 아이디어를 고려하는 게임개발자라면 학습에 대한 집중력도 필요한 요소가 될 것이라고 생각합니다.

Q 게임미디어학 관련학과에는 어떠한 학과들이 있나요?

A e-스포츠과, 게임과, 게임기획비즈니스과, 게임미디어과, 게임전공, 게임제작과, 게임컨설팅과, 게임콘텐츠과, 게임프로듀서과, 멀티미디어게임과, 비주얼게임콘텐츠과, 비주얼게임콘텐츠스쿨, 비주얼게임콘텐츠학과, 영상&게임콘텐츠과, 컴퓨터게임과 등이 있습니다.

Q 게임미디어학 관련 자격증에는 어떠한 것들이 있나요?

A 게임그래픽전문가, 게임기획전문가, 게임프로그래밍전문가

Q 게임미디어계열 학과에 진학하기 위해서는 어떠한 활동을 하는 게 좋을까요?

A 게임미디어야 말로 융합학문의 집합체 중에 하나가 아닐까 생각해요. 하나

의 게임콘텐츠가 시장에 나오게 되는 과정에서 중요한 것은 게임은 개인의 창작물이기보다는 다수가 참여한 자유로운 사고의 결합체라고 생각해요. 하나의 캐릭터 속에도 그 인물이 형성된 과정에 대한 스토리가 있고, 이를 매력적으로 구현해내는 그래픽 기술이 있어야겠죠. 그래서 게임미디어는 단순히 공학적 사고만 필요한 것이 아니라, 인문학과 심리학, 스토리텔링이 만나는 정점에 있다고 할 수 있습니다.

고등학교 동아리활동과 고교공동교육과정을 통해서 이러한 활동이 가능한 것으로 알고 있습니다. 이러한 활동에 참여할 때에 단순히 하나의 과정에 몰입하기보다는 여러 분야를 아우를 수 있는 학습을 경험해본다면 진로를 준비하는 일에 좋은 기반을 마련해줄 것이라 생각합니다.

Q 게임미디어학을 지망하는 학생들에게 한마디 해주세요.

A 프로그램개발자를 희망하고 있다면, 하고 싶은 이야기가 많아야 한다고 생각합니다. 서사적 장르에서는 무엇보다 필요한 요소가 되죠. 이러한 역량을 함양하려면 독서가 많은 도움이 될 것입니다. 마블의 영웅 캐릭터가 영화화되고 게임으로도 만들어지는 과정에서 반영된 북유럽신화가 그 뼈대가 되어준 것처럼 역사, 인문, 문화, 사회 분야의 배경지식이 프로그램개발에도 도움이 될 것입니다. 또한 게임미디어는 첨단 IT 분야의 범주에 속하는 만큼 수학과 과학, 물리학적 소양을 갖추는 데에도 노력하길 바랍니다.

의료영상미디어(의료정보)학에서 수강하는 대표 과목은?

📝 생체신호처리

생체에서 발생하는 다양한 종류의 신호를 처리하기 위한 기본적인 지식을 학습한다. 이산신호 및 이산 시스템 이론, Z변환이론, DFT, FFT, FIR/IIR 필터 설계 등을 다룬다.

📝 전기전자회로

의료기기 설계에 필요한 전기회로 해석을 위한 제반 용어, 법칙 등을 이해하며, 선형 회로망을 해석 및 설계하는 능력을 배양한다.

📝 의료IT개론

의료를 접목한 IT공학의 여러 분야를 소개하고, 이에 필요한 기반 기술에 대해 설명한다.

📝 의료정보학개론

의료정보 표준, 처방전달시스템(OCS), 전자의무기록(EMR), 의료영상저장전송시스템(PACS), 병원정보시스템(OCS) 등의 의료정보학의 전반적인 지식과 이러한 시스템 구축에 필요한 기술들을 소개한다.

✎ C 프로그래밍

컴퓨터 프로그래밍의 기본 기술, 데이터 구조의 기본 개념들을 C언어를 통하여 습득하도록 한다.

✎ 의료영상시스템

자기공명장치(MRI), 초음파영상장치(US), 컴퓨터단층촬영장치(CT) 등 대표적 의료영상처리 시스템의 구성 및 동작에 대해 학습하고, 이들을 통해 획득한 영상 자료를 효과적으로 유지 및 처리하는 방법에 대해 학습한다.

✎ 인체생리학

살아있는 생물체의 현상을 세포 및 장기, 기관에 이르는 생명 개체에 대한 접근을 통해 과학적으로 교육한다.

✎ 의료기기론

질병의 치료에 사용되는 각종 의료기기의 원리 및 구조를 살펴본다. 치료용 의료기기를 유효하고 안전하게 사용하는 방법과, 우수한 치료용 의료기기 개발에 필요한 지식 및 기술을 습득한다.

🖋 의료정보시스템통합

의료정보 시스템을 구성하는 개별 요소들을 개발하고 통합하여 대규모 응용 시스템을 효과적으로 구성하고 관리하는 방법에 대해 학습한다.

🖋 u-Healthcare시스템

의료 분야에서 사용되는 유비쿼터스 컴퓨팅 시스템에 대해 학습한다. Healthcare 시스템의 구성 요소, 활용 방법, 문제점, 발전 방향 등에 대해 이해하고 의공의료정보 분야 연동과 관련된 주제에 대해 교육한다.

Q 의료영상미디어학은 어떤 학과인가요?

A 첨단화된 의료장비를 환자들에게 이해하기 쉽게 영상으로 구현하는 기술을 배우고 의료정보를 보다 쉽게 파악하고 전달할 수 있는 시스템을 공부합니다. 의료공학과는 첨단 의료장비를 통해 현대 의학의 발전에 도움이 되고 환자들의 질병에 대해 정확한 진단을 내릴 수 있는 의료장비에 관한 전문가를 양성하는 학과라면 의료영상미디어학과에서는 의료 장비 중 영상에 특화된 장비 개발과 영상을 구현할 수 있는 방법에 필요한 기술을 배웁니다.

Q 의료영상미디어학과를 진학하는 학생들은 어떤 흥미와 적성을 가지고 있나요?

A 첨단기술이 이용되는 학문인만큼 컴퓨터나 전자장비 등의 각종 기계나 장비에 대한 관심이 있고, 기계나 장비 등 정교한 것을 만들고 실험하며 조작하는 것에 흥미가 있으며, 분석하고 측정하는 일을 좋아하는 사람이면

좋습니다. 의학 분야도 함께 공부해야 하므로 생물이나 화학을 잘하는 학생에게 적합합니다.

Q 의료영상미디어학 관련학과에는 어떠한 학과들이 있나요?

A IT의료데이터과학전공, IT의료산업학과, 바이오융합공학전공, 바이오의공학부, 스마트헬스케어공학전공, 의료공학과, 휴먼기계바이오공학부 등이 있습니다.

Q 의료영상미디어학 관련 자격증에는 어떤 것들이 있나요?

A 의공기사, 의공산업기사, 의지·보조기기사, 전기기사, 전자기사, 방사선비파괴검사, 초음파비파괴검사, 컴퓨터그래픽스운영기능사, 제품응용모델링기능사, 제품디자인기사 등이 있습니다.

Q 의료영상미디어계열 학과에 진학하기 위해서는 어떤 활동을 하는 게 좋을까요?

A 학습에 있어 단순히 문제를 풀어 정답을 찾는 방법에서 더 나아가 그 원리가 무엇인지, 이를 통해 더 발전시킬 수 있는 방법은 없는지 고민하면 좋습니다. 이를 탐구해보는 활동과 아이디어를 구현해보는 발명품대회, 영상촬영과 편집에 관해 좋아해서 관련된 동아리활동을 하면서 최근 가상현실, 증강현실, 홀로그램과 같은 것을 경험해보고 제작해본다면 좋은 활동이 될 것입니다. 수학뿐만 아니라 물리와 생물학에도 관심을 가지고 공부하길 당부합니다.

Q 의료영상미디어학을 지망하는 학생들에게 한마디 해주세요.

A 이쪽 분야를 희망하는 학생들은 병원에서 영상의학용 기기를 경험해본 사

례가 있는 학생들이 많습니다. 병원에서 사용되는 기기가 이렇게 다양하게 활용되고 있다는 것에 매력을 느끼기도 하고, 학교 교과과정에서 이 분야의 배경지식을 습득하는 과정에서 관심을 갖게 되는 경우도 많이 보았습니다. 꼭 당부하고 싶은 것은 이쪽 분야를 선택하기 전 종사자 인터뷰나 병원을 방문하여 관련 업무에 대해 보다 세밀하게 간접체험을 해보았으면 합니다. 메디컬드라마의 인기가 상승하면서 전문적인 내용까지도 소개되고 있는데 이를 활용하는 것도 학습의 한 형태가 될 수 있을 거라고 생각합니다.

또한 의료 분야가 대부분 영어에 기반을 두고 있어 영어를 잘하면 대학공부를 할 때 쉽게 따라갈 수 있습니다.

Q 의료영상미디어학의 졸업 후 진출 분야는 어떻게 되는지 궁금해요.

A 종합병원, 한방병원, 재활병원 등의 의공실, 의료기기 개발·제조 및 판매업체, 의료기기 수·출입 업체, 전기·전자 관련 업체, 컴퓨터 제조 및 개발업체, 의료정보 영상기기 개발업체가 있으며, 의료기기 관련 연구소, 전기·전자 관련 연구소로도 취업이 가능합니다.

광고홍보학과에서 수강하는 대표 과목은?

✏️ 광고심리학

광고계획 과정을 심리학적 관점에서 이해하며, 커뮤니케이션 및 심층심리학, 정신분석학 등의 측면에서 광고 실무에 응용하는 방법에 대해 배운다.

기업이 판매를 촉진하기 위하여 활용하고 있는 최신 마케팅 전략 및 정책을 소비자의 관점에서 분석하여 그 효율성을 살펴보고 나아가 좋은 광고와 효율적 광고가 어떤 것인지 이해하기 위하여, 실제 TV와 인쇄 광고물을 분석하고 제작하여 배운다.

PR의 기초 이론과 발달 과정 및 PR 매체에 대해 알아보고, 효율적인 PR 캠페인을 위한 사례 연구와 PR기획서를 작성하는 방법을 배운다.

디지털 미디어에 대한 이해를 바탕으로 디지털 정보의 가공 및 표현, 정보 전달 개념, 인터넷과 웹서비스를 통한 검색 등에 대한 개념을 이해하고 표현할 수 있는 응용 능력을 배운다.

IMC의 기본 개념에서부터 소비자, 경쟁자, 제품의 심층 분석 등 광고기획의 전 과정을 보여 준다. 최신의 SNS, 뉴미디어를 포함하여 각각의 매체 심리에 따른 광고기획 방법을 배운다.

뉴스가 제작되는 언론사의 조직, 국가권력과 언론, 자본과 언론의 관계 등 뉴스 생산 과정을 제약하는 조건들과 그것들의 역사적 변화를 배운다.

Q 광고학은 무엇을 배우는 학과인가요?

A 광고를 체계적으로 공부하기 위해 유료 메시지를 창조하여 각종의 매스컴을 통해 사람들이 새로운 아이디어를 받아들이거나 행동을 변화시키기 위해 매스컴, 마케팅과 회계학, 법규정 등 다양한 과목을 배웁니다.

Q 광고홍보학 관련학과에는 어떠한 학과들이 있나요?

A 미디어언론학과, 미디어영상광고학부 언론영상전공, 언론광고학부, 언론홍보영상학부, 언론홍보학과, 언론홍보학전공 등이 있습니다.

Q 광고홍보학 관련 자격증에는 어떠한 것들이 있나요?

A 멀티미디어콘텐츠제작전문가, 무대예술전문인, 방송통신기사, 사회조사분석사 등이 있습니다.

Q 동영상이나 사진을 이용한 광고가 늘어나고 있는데, 이러한 미디어 외에 미래 혹은 오늘날 효과적으로 광고할 수 있는 방법에는 어떤 것이 있을까요?

A 요즘에는 빅데이터를 기반으로 개인 맞춤형 광고를 제공하고 있습니다. 예전처럼 불특정 다수에게 광고를 하는 것을 넘어 수요를 창출할 수 있는 대상을 목표로 광고가 이루어지고 있으며, 소비자의 만족도를 높이기 위한 증강현실, 가상현실을 접목한 광고가 더 많아질 것이라고 생각됩니다.

졸업해서
나아갈 수 있는 분야

미디어·방송 분야

➡ 개인 미디어 콘텐츠 제작자(크리에이터)
"하나의 주제를 가지고 인터넷 방송 또는 영상 및 음원을 제작하는 사람."

❖ 어떤 일을 하나요?

개인 미디어 콘텐츠 제작자는 미디어 플랫폼 서비스(유튜브, 트위치TV, 아프리카TV, 팟캐스트, 페이스북 등)에 영상과 오디오로 된 미디어 콘텐츠를 만들어 올립니다. 콘텐츠를 만들기 위한 자료 조사와 기획·연출, 영상 촬영과 편집, 제작한 미디어 파일 업로드 등 다양한 여러 가지 일을 직접합니다.

제작자 개인의 적성과 취향에 따라 표현하고 싶은 주제의 콘텐츠를 제작합니다. 미디어 콘텐츠 제작은 개인이 모든 것을 스스로 만드는 경우와 팀 단위로 모여 만드는 경우가 있습니다.

❖ 어느 분야에서 활동하나요?

개인 미디어 콘텐츠 제작자는 미디어를 제공하는 플랫폼에 따라 유튜버, 트위처, 인터넷 방송 진행자(BJ), 크리에이터, 팟캐스트 제작자 등으로 다양하게 불립니다. 미디어 콘텐츠를 팀으로 제작하는 경우에는 미디어 기획자 및 연출자, 시나리오작가, 영상 촬영자, 영상 편집자, 음향 편집자, 번역가와 같은 사람들과 함께 일하게 됩니다.

개인 미디어 콘텐츠 제작자는 영상 콘텐츠를 제작하여 업로드하는 미디어 콘텐츠 크리에이터와 실시간으로 영상을 방송하고 시청자와 소통하는 인터넷 방송 진행자(BJ), 오디오로 콘텐츠를 팟캐스트로 제공하는 팟캐스터 등이 있습니다. 최근에는 유명한 개인 미디어 콘텐츠 제작자들이 지상파방송이나 케이블방송, 라디오에 출연하거나 프로그램을 진행하고, 제작자 이름을 브랜드로 한 화장품, 식품, 캐릭터, 장난감 등 각종 제품이 출시되기도 합니다.

❖ 어떤 적성과 흥미가 필요한가요?

자신이 제작하고 싶은 콘텐츠를 주제에 맞고 조화롭게 구성할 수 있는 연출, 영상 촬영 및 편집할 수 있는 예술 시각 능력이 필요합니다. 창의적이고 유연한 사고를 통해 떠오르는 아이디어들을 미디어 콘텐츠로 실제로 만들어 낼 수 있는 창의력이 필요합니다. 평소 자신의 생각을 미디어 콘텐츠로 표현하는 것을 즐기고 좋아하는 사람에게 유리합니다. 문화 예술 분야에 대해 관심이 많으며 사회 전반에 대해 관심이 많은 사람에게 유리합니다.

❖ 어떻게 준비하나요?

개인 미디어 콘텐츠 제작자가 되기 위한 전공이나 학력의 제한은 없습니다. 대학교 부설 평생교육기관에서 1인 미디어 콘텐츠 제작, 영상 제작과정을 이수하거나 민간 훈련기관의 영상 제작과정을 통해 개인 미디어 콘텐츠 제작자가 될 수 있습니다. 개인 미디어 콘텐츠 제작자와 관련된 국가자격은 멀티미디어 콘텐츠 제작 전문가 자격이 있지만 반드시 필요한 것은 아닙니다.

❖ **어디에서 일할 수 있나요?**

  개인 미디어 콘텐츠 제작자는 취업보다는 주로 개인 채널을 운영합니다. 제작자가 플랫폼(유튜브 등)에 자기 채널을 만들고, 구독자를 확보하여 플랫폼에서 제공하는 광고를 보여주면서 광고 수익의 일부를 받습니다. 일부 유명한 제작자들은 미디어 콘텐츠(MCN*-multi channel netwok) 회사에 소속되어 활동하기도 합니다. 다이아TV, 트레져헌터, 샌드박스 네트워크, 비디오빌리지, 쉐어하우스 같은 회사들이 대표적인 MCN 회사입니다.

- MCN 회사 : 개인 미디어 콘텐츠 제작자를 관리하는 일종의 기획사. 멀티 채널 네트워크 (MCN)라고 부르는 이유는 해당 회사가 여러 채널과 협력하여 서비스를 제공하는 회사이기 때문입니다.

❖ **어떻게 전문성을 높일 수 있나요?**

  개인 미디어 콘텐츠 제작 경력은 다양한 콘텐츠 제작에 적용될 수 있습니다. 혼자서 콘텐츠 제작을 하다가 다른 사람과 팀을 구성하거나 전문 MCN기업과 계약을 맺고 활동할 수 있습니다. 그리고 자신의 전문성을 토대로 직접 미디어 콘텐츠 제작과 관련해 회사를 차리거나 프리랜서 활동을 할 수 있습니다. 또한 개인 미디어 콘텐츠 전문가를 양성하는 교육활동도 할 수 있습니다.

❖ **이 직업의 미래전망은 어떤가요?**

  국내외의 미디어 플랫폼 사용자는 꾸준히 증가하고 있습니다. 최근에는 포털에서 키워드로 검색하는 것보다 영상 플랫폼을 통해 검색하는 사람들이 늘고 있습니다. 개인이 제작한 미디어 콘텐츠는 지상파방송이나 케이블방송에서 다루지 않는 주제를 다루거나, 새로운 방식으로 표현한다는 점에서 인기를 얻고 있고 새로운 영상 콘텐츠를 원하는 사람들도 점점 늘어나고 있어 직업의 미래는 밝다고 할 수 있습니다.

➡ 무인항공촬영감독(Helicam Director)

"헬리캠을 이용하여 영화, 드라마, 영화 등의 영상을 촬영하는 사람."

❖ 어떤 일을 하나요?

무인항공촬영감독은 소형카메라가 장착된 무인조정비행체인 헬리캠을 조정하여 영화, 드라마, 광고의 스틸영상이나 동영상을 촬영하는 전 과정을 기획하고 실행합니다. 헬리캠을 이용한 실시간 항공 촬영 영상을 송수신 모니터 또는 안경 모니터로 지켜보며 원하는 사진이나 동영상 장면이 나오도록 촬영합니다. 무선영상 송수신 시스템(FPV System)을 통해 고화질 영상촬영은 물론 실시간으로 방송사에 직접 영상을 전송하는 작업도 수행합니다.

❖ 어느 분야에서 활동하나요?

미국의 무인항공촬영감독은 미국영화촬영감독협회 등에 소속되어 활동하며, 주요 업무는 드라마, 영화, 광고 영상촬영을 위한 장면 연출을 위해 틀 잡기, 구성, 카메라, 음향, 배우 움직임과 같은 상세부분을 기획하고 스탭들과 토의를 합니다.

❖ 어떻게 준비하나요?

무인항공촬영감독이 되기 위해서는 영화 관련 분야의 정규교육과정 이수와 함께 영화촬영 현장에서의 무인항공비행체 조정 등 풍부한 실무지식과 경험이 필요합니다. 뉴욕필름아카데미 시네마토그래피 스쿨은 현재 미국 내 5개 센터(뉴욕, LA, 플로리다 사우스 비치, 유니버설스튜디오, 하버드대학 등)에서 영화촬영감독이 되는 데 필요한 학·석사 학위 교육프로그램을 제공하고 있습니다.

캘리포니아대학(UCLA)도 1997년 이후 영화촬영전공 석사과정을 개설하여 개방등록제로 운영하고 있으며, 2년 동안 총 48학점을 이수하고 성적(GPA)이 3.5 이상이면 영화촬영감독 자격증(Cinematography Certificate)을 수여하고 있습니다.

❖ 어떤 적성과 흥미가 필요한가요?

영화제작 과정에 대한 큰 관심과 애정이 필요합니다. 무인항공기 및 카메라 조작 등 전자 기계장치에 대한 실용지식과 새로운 영역에 대한 도전의식, 그리고 창의적 아이디어를 갖고 있으면 좋습니다.

❖ 이 직업의 미래전망은 어떤가요?

최근 국내 영화산업의 급속한 발달로 영화뿐만 아니라 드라마, 오락프로그램, 광고, 보도프로그램 등 다양한 장르에서 전문성을 갖춘 헬리캠 영상제작자가 필요합니다. 이에 따라 무인항공촬영감독으로 활동하고자 하는 사람은 물론, 무인항공조종사, 무선송수신카메라조작기사 등과 같은 특수 분야에 종사하는 전문가들이 더 많이 늘어날 것으로 전망되고 있습니다.

현재 한국예술종합학교 영상원과 한국영화아카데미를 비롯한 여러 대학에서 영화연출 및 촬영 교육프로그램을 제공하고 있습니다. 국내에도 현재 ㈜헬리캠 등 무인항공 촬영과 관련한 서비스 업무를 제공하는 업체가 속속 생겨나고 있습니다.

➡ 가상현실 전문가

"디자인을 IT기술과 접목하여 상상의 공간에 현실과 동일한 공간을 설계하는 사람."

❖ 어떤 일을 하나요?

가상현실 전문가는 가상현실을 어떻게 구현할 것인지 기획하고 방향을 설정합니다. 컴퓨터그래픽(CG)으로 현실에 존재하지 않는 배경과 구성 요소를 3차원으로 만들어 음향 및 움직임 등의 효과를 넣어 콘텐츠를 제작합니다. 실제 현장을 360도 카메라로 촬영 후 여러 각도의 영상을 하나로 합쳐서 현장감 있는 콘텐츠를 제작합니다.

❖ 어느 분야에서 활동하나요?

가상현실 전문가와 관련된 직업으로는 컴퓨터 시스템설계 분석가, 시스템소프트웨어 개발자, 응용소프트웨어 개발자, 컴퓨터 프로그래머, 디지털 영상처리 전문가, 게임 프로그래머, 데이터베이스 개발자, 네트워크 관리자, 웹 프로그래머, 정보시스템 운영자, 웹 마스터, 통신 장비 기사 등 매우 다양한 영역을 포함하고 있습니다.

가상현실 전문가와 관련된 산업은 게임 등 문화 콘텐츠 산업을 중심으로 합니다. 향후 발전 분야를 고려하면 군사, 교육, 의료 등 다양한 분야로 발전할 가능성이 매우 높습니다.

❖ 어떤 적성과 흥미가 필요한가요?

분석력, 창의력, 공간지각력이 필요합니다. 가상의 시공간에 대한 폭넓은 응용력이 요구됩니다. 새로운 것에 도전하는 것을 좋아하고 상상하는 것을 즐겨하며 손이나 도구를 사용해 만드는 것을 좋아해야 합니다.

❖ 어떻게 준비하나요?

그래픽 기반 VR제작을 위해서는 컴퓨터디자인학과, 컴퓨터공학과, 게임그래픽학과 등에 진학하면 도움이 됩니다. 영상 기반 VR제작 업체에 취업하기 위해서는 영상콘텐츠학과, 영상편집학과 등에 진학해야 합니다. 물론, 학력이나 전공에 상관없이 소프트웨어 개발에 흥미를 가지고 스스로 공부해 성공하는 사람들도 있습니다.

가상현실 서비스 플랫폼 개발자, 체험형 가상/증강현실 콘텐츠 제작자 등의 훈련과정이 개설되어 있습니다. 한국산업인력공단에서 시행하는 컴퓨터 그래픽스운용기능사, 시각디자인산업기사, 시각디자인기사가 있습니다.

❖ 어디에서 일할 수 있나요?

가상현실 전문가는 가상현실을 다루는 게임 개발 및 제작 기업, 영화 및 영상물 제작기업, 산업 현장 교육 훈련 업체나 관련 사설 연구소에서 일할 수 있습니다.

❖ 이 직업의 미래는 어떤가요?

가상현실 관련 분야는 2010년 이후 매우 빠르게 성장해왔습니다. 특히 게임 분야에서도 활용 가치가 커서 투자가 집중되는 상황인데, 향후 가상현실 기술은 군사 분야 외에도 교육 분야, 로봇 장치를 이용한 원격수술, 진단, 심리치료 등 폭넓은 분야에서 사용이 가능합니다. 4차 산업혁명의 핵심 기술로 부각되고 있는 가상현실 기술은 환자가 수술에 대한 두려움을 줄여주기 위해 수술 전 과정을 보여주고, 의대생이 다양한 환자를 수술해볼 수 있는 경험을 제공하기 위해 가상현실이 도입될 정도를 활용 분야는 무궁무진합니다.

➡ 홀로그램전문가

"빛을 이용하여 3차원적인 영상을 제작하는 사람."

❖ 어떤 일을 하나요?

홀로그램전문가는 기술 분야와 서비스 분야로 나뉠 수 있는데, 기술 관련 전문가는 홀로그램을 데이터로 생성하고 처리하는 연구와 개발을 담당합니다. 서비스 분야의 전문가들은 개발된 기술을 바탕으로 문화공연이나 전시를 기획하고 설계하여 콘텐츠를 제작함으로써 사람들이 직접 볼 수 있도록 만드는 일을 합니다.

❖ 어느 분야에서 활동하나요?

홀로그램전문가는 영상 콘텐츠를 기획하고 제작하는 분야와 관련성이 높습니다. 홀로그램 콘텐츠 기획자, 문화 예술 공연 기획자, 홀로그램 디자이너, 홀로그램 기술엔지니어 등으로 활동할 수 있습니다. 최근에는 인공지능 기술과의 접목을 통해 관련 직업이 더 늘어날 것으로 예상됩니다. 현재 가장 관련이 높은 분야는 영상이나 공연 등 문화 콘텐츠 산업입니다. 향후 발전 분야를 고려하면 교육, 보안, 의료, 건축 등으로 발전할 가능성이 매우 높습니다.

❖ 어떤 적성과 흥미가 필요한가요?

홀로그램 전문가는 기술에 대한 이해를 기본으로 콘텐츠를 제작해야 하기 때문에 새로운 것을 만들어내는 능력이 필요합니다. 콘텐츠를 기획하고 제작하는 과정에서 예술적이고 아름다운 것을 표현할 수 있어야 합니다. 미술이나 음악 등 예술적으로 표현하는 것을 즐겨야 합니다. 컴퓨터로 프로그램을 만드는 것을 좋아하고 장치나 장비를 다루는 것에 흥미가 있어야 합니다.

❖ 어떻게 준비하나요?

홀로그램의 기술을 연구하고 개발하고 싶다면 대학에서 전기전자공학과나

물리학과, 컴퓨터공학과 등에 진학하면 도움이 됩니다. 기술을 서비스하는 분야에서 일을 한다면 시각디자인이나 영상 그래픽디자인 등 디자인 관련 전공자가 유리합니다. 이 외에도 영상 콘텐츠학이나 영상편집, 문화 콘텐츠 등을 전공하면 도움이 됩니다. 물론, 공연이나 전시를 기획하고 설계하는 과정에서 인문학 전공자들도 그 능력을 발휘할 수 있습니다.

❖ 이 직업의 미래는 어떤가요?

홀로그램의 기술은 아직 시작 단계에 불가합니다. 전 세계적으로 더 발전된 기술 개발을 위해 투자를 많이 하고 있는 상황입니다. 또한 문화 콘텐츠와 관련하여 시장규모가 빠르게 늘어나고 있습니다. 우리나라에서도 2020년까지 홀로그램 산업 발전 전략을 세워서 단계적 핵심 기술을 개발하고, 글로벌 표준화를 완성하기 위해 노력하여 전문 인력을 양성하고 기술을 가진 기업을 지원하고 있습니다. 향후 활용범위도 확대될 예정이라 전문가의 필요성이 매우 큽니다.

광고·디자인 분야

➡ 키워드에디터

"인터넷상 키워드를 사용하여 상품을 홍보하는 광고 전문가."

키워드에디터는 광고를 정보로 만들어 제공하는 검색 광고 및 검색 정보 업무를 담당합니다.

❖ 직무내용은 어떻게 되나요?

광고주 사이트와 연관성이 높은 특정 키워드를 연결하여 광고주의 특성을 분석하고 제작자가 광고주의 의도에 맞는 영상을 제작할 수 있도록 도움을 줍니다. 사용자 입장에서 검색 패턴을 분석해 키워드 검색을 통해 소비자의 트렌드를 파악하여 서로의 요구사항을 잘 파악할 수 있도록 도움을 주는 역할을 수행합니다.

❖ 어떻게 준비해야 할까요?

광고언어학, 응용언어학 등의 언어학적 지식을 키워드 선정 및 키워드 연상에 활용할 수 있으며, 키워드 에디터의 직무 중 마케팅 및 광고적인 요소가 포함되어 있어 광고홍보학 등의 전공지식을 습득하는 것이 필요합니다.

하지만 실제 취업에서 절대적으로 필요하거나 절대적으로 유리한 요소는 아닙니다. 전공보다는 오히려 검색 엔진에 대해 충분한 이해를 하고 있는 것이 유리하며, 키워드에디터의 직무 가운데 마케팅 혹은 광고적인 요소가 포함되기 때문에 이에 대한 지식을 갖추는 것이 필요합니다.

광고주가 제안한 키워드가 사이트 특성에 부합하는지 심사할 때는 심사 기준에 적합한지를 면밀히 검토해야 하기 때문에 꼼꼼한 성격이 유리하며, 광고주에게 키워드를 제안할 때는 독창성 있고 신선한 키워드를 발굴해 제안할 수 있어야 합니다.

❖ 이 직업의 미래전망은 어떤가요?

인터넷에서 검색기능이 활발히 사용되고 있으므로 키워드에디터에 대한 필요성은 증가할 것이며 일자리도 지속적으로 증가할 것으로 보입니다. 그뿐만 아니라 키워드에디터에 요구하는 전문성도 진화할 전망입니다. 키워드에디터란 직업이 등장한 지 아직 10년도 채 되지 않았지만, 도입과 적응이 빠른 온라인의 특성을 보여주듯 이 분야도 어느새 정착을 해서 새로운 전문 인력을 찾고 있습니다.

키워드에디터들은 키워드 심사 업무와 제안 업무에서 더 진보하여 전문 검색 광고 컨설턴트로서 역할을 수행할 것입니다. 또한 실험적인 태도로 다양한 검색 전문가로서의 그 가치를 인정받을 것으로 기대됩니다.

➡️ UX 디자인 컨설턴트

"웹이나 애플리케이션에 사용자들이 편리하게 사용할 수 있도록 디자인하는 사람."

❖ 어떤 일을 하나요?

UX디자인 컨설턴트는 웹, 스마트폰, 태블릿PC에 담기는 각종 애플리케이션을 어떻게 하면 더 편리하게 사용할 수 있을지 문제점을 파악하고 해결책을 제시합니다. 사용자들이 제품이나 서비스에 만족 또는 불만족을 느끼는 요소는 무엇이고, 이에 더해 새로 원하는 요구가 무엇인지를 찾아 새로운 제품 기획안을 만들어 냅니다.

• UX(User Experience) 디자인 : 사용자의 마음과 행동에 대한 조사와 이해를 바탕으로 사용자 입장에서 제품을 설계해 더 편리하게 사용하도록 하는 기법을 말한다.

❖ 어느 분야에서 활동하나요?

그래픽 디자이너, 웹 디자이너, 멀티미디어 디자이너와 매우 관련이 높습니다. 이런 분야에 관련된 소질과 경험이 기본적으로 있어야 합니다. 현재 UX디자인이 가장 활발하게 사용되는 분야는 정보통신산업, 전자기기 산업, 자동차 산업, 소프트웨어 산업 등입니다. 다양한 학문과 전공이 접목된 분야이기 때문에 컴퓨터 기술뿐만 아니라 인체공학이나 심리학, 소비자학, 산업디자인 분야가 적용되는 분야에서 활동할 수 있습니다.

❖ 어떤 적성과 흥미가 필요할까요?

제품을 사용하는 사람들의 필요한 사항을 환경이나 장치에 맞게 표현하고 구성하는 능력이 필요합니다. 사람들의 사고와 행동, 생활패턴을 이해하고 파악할 수 있어야 하며, 이를 입체적으로 상상하여 제품에 적용할 수 있어야 합니다.

사람들과 소통하는 것을 좋아하고 다른 사람들의 생각이나 의견을 존중할 수 있어야 합니다. 새롭고 독특한 방식으로 문제를 해결하는 것을 좋아해야 합니다.

❖ 어떻게 준비하나요?

UX 디자인 컨설턴트가 되기 위해서는 보통 고졸 이상의 학력이 필요하며, 대학에서의 전공은 심리학, 사회학, 인문학뿐만 아니라 시각디자인, 산업디자인 등 특정 분야가 정해져 있지 않고 매우 다양합니다. 기본적으로 웹, 멀티미디어 디자인과 스마트 기기 UI/UX 디자인, 모바일 UI/UX 디자인 등의 훈련 과정이 개설되어 있습니다.

❖ 어디에서 일할 수 있나요?

UX 디자인 컨설턴트는 주로 정보 통신 기기 제조회사 내 디자인 경영 센터, 통신사, 포털 사이트 회사, 게임사, 전문 디자인 회사 등에서 일을 합니다. 또한 소프트웨어 개발 업체의 연구소, 컨설팅 업체, 정부의 정보 통신 업무 부처의 산하기관에서 일을 할 수 있습니다.

❖ 이 직업의 미래전망은 어떤가요?

최근에는 다양한 분야에서 제품 사용자들의 경험을 좋게 디자인하는 것이 더욱 중요하게 되었습니다. 왜냐하면 사용자들을 더 기분 좋게 하거나 더 편리하고 안전하게 하고, 직접 경험해보게 하는 것들이 제품의 판매에 직접적인 영향을 주기 때문입니다. 예를 들어, 핸드폰의 경우 기업들이 기술적으로 비슷한 제품을 시장에 내어놓고 있는데 이러한 상황에서 소비자들의 선택을 받기 위해서는 UX디자인이 더 좋아야 합니다. 이처럼 디자인 시장에 대한 필요성이 커짐에 따라 종사자 수는 증가하는 추세이며, 그만큼 경쟁도 치열해지고 있습니다.

의료 분야

➡ 장기 3D프린팅 디자이너
"줄기세포를 배양하여 환자 맞춤형 장기를 3D프린터를 통해 제작하는 사람."

❖ 3D프린팅 디자이너는 어떤 일을 하나요?

종이 위에 원하는 내용을 찍어내는 기존의 인쇄 방식과 달리 소재를 쌓아 물체를 만드는 3D프린터를 이용해 고객의 요구에 따라 제품(미니어처, 액세서리, 일상용품, 개인 편의 제품, 기계부품 등)을 만들어냅니다. 제품의 형상을 이미지로 디자인하고 컴퓨터 프로그램을 활용하여 설계된 디자인대로 프린터를 조작하고 운영합니다. 제품을 디자인하는 3D모델링 과정, 설계된 데이터 값을 입력하는 3D프린팅 과정, 출력된 제품을 후처리하는 과정을 통해 최종 제품을 설계·제작 서비스 제공하는 일을 합니다.

❖ 장기 3D프린팅 디자이너는 어느 분야에서 활동하나요?

병원, 제약업체 등 3D프린팅 출력 제품의 특성과 강도를 분석하여 여러 재료를 조합하거나 장비에 맞는 새로운 재료를 개발하여 의료 분야(바이오 인공장기

제작, 인체 측정 기술자 등)에서 주로 일을 합니다.

❖ 어떤 적성과 흥미가 필요한가요?

3D 프린팅 전문가는 미적 감각과 컴퓨터 활용 관련 지식(컴퓨터 그래픽, 프로그래밍언어 등)을 가지고 3D로 제품을 입체적으로 제작할 수 있는 능력이 필요합니다. 다양한 분야에서 활동 영역을 넓혀가고 있으므로 해당 분야의 지식 및 정보를 처리하는 능력과 창의적인 사고능력을 필요로 합니다. 특히 의료적인 지식과 생명공학에 대한 이해가 높아야 이 일을 잘 수행할 수 있습니다.

❖ 어떻게 준비하나요?

3D 프린팅 전문가는 컴퓨터그래픽 프로그램 및 장비에 대한 이해가 필수적이며, 미술, 산업디자인 등의 관련된 지식도 필요합니다. 3D프린팅경기센터에서 운영하는 3D 프린팅 산업현장 전문가 양성과정이 있으며, 훈련기관에서는 3D 프린팅 제품 제작 실무과정, 3D 프린팅 마스터 과정, 3D 프린팅 융합 시각디자인, 기계요소 설계 및 3D 프린팅 과정 등을 통해 일을 수행할 수 있습니다. 국가기술지격으로 3D프린터운용기능사, 3D프린터개발산업기사 자격이 있습니다.

❖ 이 직업의 미래전망은 어떤가요?

3D 프린팅 기술은 과거에 비해 3D 프린터 제조업체, 재료, 콘텐츠 업체가 증가하고 있으며 의료 관련 산업의 매출이 늘어나면서 3D 프린팅 전문가의 활동 범위도 넓어지고 있습니다. 특히 고령화 사회에서 3D 프린팅을 통해 건강한 노년의 삶에 도움을 줄 수 있으며, 장기뿐만 아니라 치아 등 다양하게 활용할 수 있어 여러 분야로 진출할 수 있어 전망이 밝습니다.

게임 분야

➜ 게임기획자

"사람들이 좋아하고 즐길 수 있는 게임을 기획하는 사람."

❖ 어떤 일을 하나요?

게임기획자는 컴퓨터, 모바일, 콘솔 게임기, VR기기 등에서 이용할 수 있는 슈팅게임, 시뮬레이션 게임, RPG 게임, 스포츠게임, FPS게임 등 다양한 장르의 게임 만드는 일을 합니다. 게임 시장과 소비자 조사를 통해 개발할 게임의 장르, 내용과 난이도, 캐릭터와 아이템, 게임 진행방식, 주된 이용대상, 시스템 사양, 그래픽 수준 등을 고려하여 게임 기획안을 작성합니다.

게임기획자는 크게 시스템 기획자와 레벨 기획자로 구분하는데, 시스템 기획자는 전반적인 게임구성과 게임의 규칙을 만들고, 레벨 기획자는 게임 난이도, 사용자 플레이 패턴을 기획하는 일을 합니다.

❖ 어느 분야에서 활동하나요?

게임 기획자는 게임을 실행하는 기기에 따라 컴퓨터게임 기획자, 모바일게임 기획자, VR게임 기획자, 콘솔게임 기획자, 문화콘텐츠 전문가 등의 직업과 관련성이 높습니다. 게임기획은 다양한 게임 분야와 ICT기술이 접목되므로 게임 프로그래머, 게임 시나리오작가, 모바일 게임 품질전문가, 게임운영자, 게임개발 프로듀서, 게임음향기술자, 게임그래픽 디자이너 등 여러 사람들과 함께 일을 하는 경우가 많습니다.

게임기획자는 게임 소프트웨어 개발 및 공급에 관련되어 온라인 게임 개발, 모바일 게임 개발, 아케이드 게임 개발, 비디오 콘솔 게임 개발, 컴퓨터 패키지

게임 개발 분야에서 활동하고 있습니다.

❖ 어떤 적성과 흥미가 필요한가요?

게임기획자는 창의적이고 유연한 사고를 통해 떠오르는 아이디어를 게임으로 드러낼 수 있는 창의력이 필요합니다. 게임기획자는 사람들이 어떤 게임을 원하는지 알기 위해 시장조사와 소비자 조사를 실시하여 결과를 분석해낼 수 있는 수리논리력이 필요합니다. 게임기획자는 평소 여러 장르의 게임을 좋아하고 즐겨야 하며, 게임 아이템과 룰, 게임 캐릭터 특징 분석, 난이도 정도 등 게임을 분석하고 탐구하는 것을 좋아하는 사람에게 유리합니다.

아이디어를 얻기 위한 잡지 구독, 여러 주제에 대한 독서나 웹툰 구독, 미술 감상, 공연이나 영화관람, 세계의 지리·역사·신화 등 문화와 사회 전반에 대해 관심이 많은 사람에게 유리합니다.

❖ 어디에서 일할 수 있나요?

게임 기획자는 주로 공개 채용이나 특별 채용을 통해 PC 웹이나 모바일 게임 서비스를 제공하는 기업에 취업하게 됩니다. 넥슨, 엔씨소프트, 넷마블, 게임빌, 라인과 같은 대형 게임 전문기업부터 모바일 게임을 제작하는 중소기업이나 소규모 인원으로 구성된 스타트업 기업에 취업할 수 있습니다. 이밖에도 외국의 온라인 게임·콘솔 게임 기업인 EA, 블리자드, 닌텐도, 마이크로소프트 등에 취업하여 활동할 수 있습니다.

❖ 이 직업의 미래전망은 어떤가요?

국내 및 해외의 게임산업은 꾸준히 성장하고 있습니다. 게임을 즐기는 사람들이 늘어나고 모바일 게임의 비중이 커지고 있습니다. 이러한 게임시장의 성장에도 불구하고 인공지능의 발달과 클라우드 기반 게임 보급으로 제작 및 배급 업체에 일하는 사람의 수는 감소하고 있어서 일자리가 늘어나기를 기대하는 것은 어렵지만, 전문적인 지식을 습득한다면 고소득의 직장인이나 게임개발자로서 창업하여 성공할 수 있습니다.

➡️ 게임 방송 프로듀서

"게임 방송 프로그램을 기획하고 제작하는 일을 하는 사람."

❖ 어떤 일을 하나요?

게임 방송 프로듀서는 게임대회 방송이나 게임 방송 프로그램을 기획하고 제작하는 일을 합니다. 게임대회 방송이나 프로그램을 위한 장소 섭외, 일정 관리, 방송 촬영과 편집, 스텝 구성과 출연진 섭외, 프로그램 전체 감독 등의 일을 합니다. 각 게임과 대회의 특성을 살려 프로그램을 제작하고 게임별 해설가나 전문가를 섭외하여 방송하는 게임의 정보를 잘 전달할 수 있도록 만들어 내는 일을 합니다.

❖ 어느 분야에서 활동하나요?

게임 방송 프로듀서와 관련된 직업으로는 게임 전문 캐스터, 프로 게이머, 방송 연출가, 영화감독, 웹 방송 전문가 등이 있습니다. 게임 방송을 제작하는 회사에 소속되어 촬영감독, 조명감독, 음향감독, 기술감독, 방송작가와 같은 사람들과 함께 일을 합니다. 게임 방송 전문 방송국이나 지상파 및 케이블TV 방송국, 방송 제작 기업에서 게임 대회나 게임 방송 프로그램을 제작하는 제작자로 활동하고 있습니다.

❖ 어떤 적성과 흥미가 필요한가요?

방송 프로그램으로 제작될 게임에 대한 충분한 조사와 이해가 필요하며 각 게임에 내용을 잘 전달할 수 있는 프로그램으로 만들기 위한 독창적인 아이디어와 창의적인 연출 능력이 필요합니다. 방송 촬영과 녹화 현장의 특성을 이해하고 중계 게임의 특성을 살려 조화롭게 영상을 만들어 내보낼 수 있는 능력이 필요합니다.

게임 방송 프로그램을 만들기 위해서는 여러 사람들과 함께 일을 하는 것을 즐기고 리더십, 적응성, 책임감 등의 성격을 가진 사람에게 유리합니다. 평소 다양한 게임을 즐기고 유행하는 게임에 대해 이해하려 노력하고 문화, 예술, 언어 등 생활 전반에 흥미가 있는 사람에게 유리합니다.

❖ 어디에서 일할 수 있나요?

게임 방송 프로듀서는 게임 전문 방송국, 지상파나 케이블TV 방송국, 방송 제작 업체 등의 회사에 취업할 수 있습니다.

❖ 이 직업의 미래전망은 어떤가요?

국내 및 해외의 게임 산업은 꾸준히 성장하고 있습니다. 최근에는 스마트폰을 통한 모바일 게임을 즐기는 사람들이 늘어나고 PC 게임도 지속적인 인기를 끌면서 게임 시장은 계속 성장하고 있습니다.

2018년 아시안게임에서는 e-스포츠가 정식 종목으로 채택되기도 했습니다. 앞으로 게임 전문 방송 채널과 지상파방송이나 케이블방송에서 게임리그 중계를 비롯한 게임 관련 프로그램을 더욱 많이 만들어 갈 것으로 예상되어 게임 방송 프로듀서의 일자리도 늘어날 것입니다.

계열별
핵심 키워드

핵심 키워드로 알아보는 언론정보/신문방송학

Q 넷플릭스로 인한 OTT(Over-The-Top)산업의
발전으로 인한 우리나라 방송시장은 전망은
어떤가요?

A PWC(프라이스워터쿠퍼스)가 밝힌 전 세계
OTT산업의 규모는 약 300억 달러(40조 원)
에 육박하는 것으로 집계되었습니다. 단순히
TV 시청했던 구조에서 모바일로 콘텐츠를 소비하
는 방송유통산업이 최근 3년간 30% 이상의 고성장률을 보이고 있습니다.
2020년 2월 발표된 넷플릭스의 유료구독 가입자 수는 약 1억 6천 700만
명입니다.

국내 대표 OTT시장은 SK텔레콤의 '옥수수'와 지상파 방송3사가 만든 '푹
(POOQ)'이 합병한 웨이브(wavve)는 2023년까지 500만 명 규모로 유료 가
입자를 유치하려고 계획하고 있습니다. 최근 '킹덤'으로 큰 인기를 끌었던
사례를 바탕으로 다양한 콘텐츠를 개발한다면 큰 입지를 다질 수 있을 것
이라고 생각합니다.

Q 디지털 신문사로의 전환부터 많은 언론사의 디지털 혁신이 있다고 하는데 어떤 것들이 있나요?

A 국내 언론사의 디지털 혁신 롤모델 중 하나는 600여 명의 디지털 인력을 보유하고 있는 '뉴욕타임스'라고 합니다. SBS 뉴스는 디지털 브랜드 '스브스뉴스'의 성공적인 운영, 페이스북과의 제휴 등 다양한 시도를 통해 작지만 의미 있는 변화를 보여주기 시작했습니다. 조선일보는 VR저널리즘을 위해서 VR전용 앱을 별도로 제작하고 있습니다. 심지어 중앙일보는 디지털 부문의 경력자 채용을 대규모 시작했습니다. 언론사에서 기자가 아닌 디지털 기획자, 미디어개발자, 디자이너들을 이렇게 대거 채용한 경우가 없었던 것을 고려해보면 디지털 혁신을 몸소 실천한다고 볼 수 있습니다.

경제지 파이낸셜뉴스에서는 국내 최초로 로봇이 기사를 작성하는 '로봇 저널리즘'도 있습니다. 앞으로 다양한 신문사들의 활약이 OTT산업 발전에 큰 영향을 끼칠 것으로 생각됩니다.

핵심 키워드로 알아보는 디지털미디어학

Q 코로나로 인해 대면접촉을 하지 않으면서 나만을 위한 가상현실 콘서트가 진행된다고 하는데 어떤 사례가 있나요?

A 코로나19로 공연계의 많은 곳이 문을 닫을 수밖에 없는 상황에서 무대를 온라인으로 옮긴 사례들이 있습니다. 공연 형태가 가상현실(VR), 배리어 프리 등으로 변화하고 있습니다.

시청각장애인을 위한 '배리어 프리' 온라인 공연도 처음 등장했습니다. 한국 문화예술위원회 탈춤극 '오셀로와 이아고'는 배우들의 움직임, 소리 등을 말과 문자, 수어로 설명합니다. 국립국악원은 유튜브 채널을 통해 VR 공연 서비스로 시나위와 같은 기악, 승무 부채춤 장구춤 등 전통무용, 판굿과 사물놀이 등 연희와 창극, 씻김굿 등 37가지 레퍼토리를 보이기도 했습니다.

Q 영화에도 모션그래픽이 적용되어 실감나는 영상이 제작되고 있는데 어떤 것이 있나요?

A 모션그래픽(Motion Graphic)은 의미 그대로 '움직이는 그래픽'을 의미합니다. 동영상에서 시각효과 기술에 사용되어 감각적인 영상을 제공하고 있습니다. 최근에는 2D를 넘어서 3D 모션그래픽 기업을 활용하여 영화 타이틀부터 다양한 시퀀스에 사용됩니다. 영화 내용에 맞춰 제작되기 때문에 오프닝 스퀀스의 모션그래픽이 사용되면 관객들에게 영화 전반적인 분위기와 사건을 암시해주기도 합니다.

핵심 키워드로 알아보는 게임미디어학

Q '포켓몬GO'처럼 다양한 AR기술을 이용한 게임들을 흔히 볼 수 있는데 앞으로 전망이 궁금합니다.

A 2016년 나이언틱의 '포켓몬GO'는 전 세계적으로 인기와 관심을 받았습니다. 이후 VR(Virtual Reality:가상현실)과 AR(Augmented

Reality:증강현실) 기술에 대한 관심과 투자는 상당히 높아졌습니다. 골드만
삭스의 『Profiles in Innovation: Virtual & Augmented Reality』 보고서에 따
르면 2025년에 VR·AR 시장에서 게임이 차지하는 부분은 3분의 1로 예측
할 정도입니다. 5G통신기술과 결합되면 다양한 산업으로 확대될 것입니다.

Ⓠ 5G 시대가 되면서 미디어 콘텐츠 산업 및 생태계가 바뀔 수 있다는데 사실인
가요?

Ⓐ 2019년 4월 SK텔레콤 박정호 사장은 〈문화혁신포럼〉에서 5G가 생활 및
문화 전반에 걸친 혁신적인 변화를 불러일으킴과 동시에 한류를 넘어서는
'아시안 무브먼트' 개념을 제시했습니다. 그 중 가장 큰 변화와 기회를 줄
분야로 '미디어 콘텐츠' 시장을 꼽았습니다. Z세대들이 좋아하는 아이돌만
골라볼 수 있는 멀티뷰 시스템과 드라마 시청 중 화면 속 제품을 쇼핑하
는 서비스 등을 예로 제시했습니다. 아시아 전체가 글로벌 콘텐츠 제작을
위한 하나의 팀이 되자는 의미에서 'T.E.A.M.(Tech-driven Entertainment for
Asian Movement)' 프로젝트를 제안했습니다. 이처럼 앞으로 미디어 콘텐츠
산업의 발전을 기대해볼 수 있습니다.

핵심 키워드로 알아보는 의료영상미디어학

Ⓠ 의학 분야에서 어떻게 가상현실이 사용되나요?

Ⓐ 가상현실 기술을 적용하기 위해 가상 해부학, 3차원 환자모델링, 가상수
술, 그리고 가상현실치료 등에서 가시적인 연구 성과들이 등장하고 있습니
다. 흔히 알려진 의학교육과 훈련을 위한 Visible Human 프로젝트가 있습

니다. 전통적인 교육에 필요한 시신을 구하는 어려움을 해결해주었습니다.

인체의 단면이나 표면을 생성하는 서비스를 제공하는 것이 가능하게 되었고 2차원 혹은 3차원의 해부학 지식을 좀 더 쉽게 학습할 수 있게 되었습니다. 가상수술(Virtual Surgery)에 사용되는 경우도 있습니다. 수술하고자 하는 부분 주위의 내부 영상을 실제 부위에 정합하여 보여줌으로써 정확하게 시술할 수 있도록 도와주는 증강현실기술입니다.

Q 최근에는 정신건강 분야와 심리치료에도 가상현실이 사용된다는데 어떤 사례가 있나요?

A 기존에 치료가 어려웠던 식이장애, 약물중독 등에도 사용되고 있습니다. 그 외에도 외상 후 스트레스 장애, 수면장애, 자폐증, 조울증 등 심리치료에 접목되고 있습니다. 비행 공포증을 앓고 있던 50대 남성이 꾸준한 가상현실 치료 후 15년 만에 처음으로 비행기를 탈 수 있게 되었을 뿐만 아니라 VR프로그램을 통해 고소공포증에 시달리던 환자들이 평균 68% 줄어든 사례도 있습니다. 가상현실 의료서비스의 가능성은 무궁무진할 수 있어 이 분야의 전망이 기대됩니다.

핵심 키워드로 알아보는 광고홍보학

Q 최근에 퍼스널 브랜딩부터 시작해서 기업의
브랜딩까지 중요성이 대두되는 이유가 무엇인
가요?

A 우선, 퍼스널 브랜딩부터 살펴보면 개인을
브랜드화했다고 볼 수 있습니다. 나이키, 아
디다스 등 다양한 브랜드가 존재하는 것처럼
개인을 하나의 브랜드로서의 가치를 부여하는 것이
바로 '퍼스널 브랜드'입니다. 1인 미디어의 발전에 따라 최근 1인 기업, 크리
에이터, 유튜버 등 주변에서 쉽게 퍼스널 브랜딩의 예시를 만나볼 수 있습
니다.

기업의 브랜딩의 중요성은 매순간 변화하는 이 시대에 꼭 필요한 비즈니스
의 영역입니다. 기업들의 제품과 서비스가 이제는 우열을 가릴 수 없을 만
큼 비슷해지고 있다고 느낄 수 있습니다. 그렇기 때문에 소비자들이 기업
의 브랜드를 어떻게 인식하느냐가 바로 기업의 성과를 결정하게 됩니다. 소
비자들의 필요성을 넘어 원하는 제품과 서비스를 브랜드에 담을 수 있는
역할이 앞으로 중요하다고 생각합니다.

Q 마케팅에 소비자 심리를 파악해서 적용하는 사례가 있나요?

A 네, 소비자의 구매심리부터 제품과 서비스에 관한 인간의 사고과정과 행동
을 연구하고 나아가 소비활동으로부터 어떻게 인간이 영향을 받는지 연구
하는 학문이 바로 소비자심리학입니다. 대표적인 예시로 "현재 3개밖에 물
량이 남지 않았습니다!" 같은 메시지는 상품의 구매 가능한 수량이나 시간

을 제한하여 소비자의 구매 의지를 증가시킵니다.

이것은 수량 또는 시간이 제한된 상품일수록 경쟁심리가 유발되어 상품을 얻으려는 동기가 높아진다는 '희소성의 원칙(Law of Scarcity)'과 연관이 있으며, 제한된 상품을 부각시켜 구매를 하지 못해 생기는 잠재적인 상실감을 자극하는 마케팅 사례라고 볼 수 있습니다.

Q 최근 인플루언서 마케팅을 통해 큰 이익을 보는 사례가 많은데, 왜 사람들이 인플루언서에 열광하는지 궁금합니다.

A 인플루언서는 온라인이나 소셜미디어에서 큰 유명세를 얻고 있는 사람들을 말합니다. 이는 인플루언서를 믿고 따르는 사람이 많다는 뜻입니다. 소비자는 검증된 물건을 사고 싶기에 인플루언서가 먼저 사용하고 홍보하는 제품을 믿고 구매하는 경우가 많습니다.

특히 리포트 'Why Partnership Influencer Marketing is Goal for Clothing Retailer's(2017)'에 따르면 옷을 구매할 경우 16~24세 인구 중 69%, 25~34세 중 56.6% 정도가 SNS를 참고하여 구매한다고 합니다. 이처럼 그 영향력이 날로 커지고 있기 때문에 인플루언서에 대한 관심이 높아지고 있다고 볼 수 있겠습니다.

Q 인플루언서는 팔로워 수가 많으면 좋은가요?

A 팔로워 수가 많다는 것은 많은 사람에 쉽게 홍보될 수 있는 이점이 있어 좋을 수 있지만, 비용이 많이 발생한다는 단점이 있습니다. 요즘은 이런 단점을 보완하면서 타겟팅 마케팅을 할 수 있는 마이크로 인플루언서를 통해 홍보를 하는 경향이 있습니다. 마이크로 인플루언서는 1만 명 이하의 팔로워를 가지고 있지만 특정 분야에서 전문성을 가지고 있기 때문에 타겟

고객에게 직접적으로 연결이 될 수 있는 장점이 있습니다.

따라서 팔로워 수가 많다고 무조건 좋은 것은 아니며, 마케팅을 시작하기 앞서 브랜드 콘셉트에 잘 맞는 타켓 고객을 선정하고 적합한 인플루언서를 선정하는 것이 중요합니다.

계열별 연계 도서와
동영상을 추천해주세요

언론정보/신문방송학을 위한 추천도서와 동영상

💬 추천도서

도서명	저자명	출판사
역사란 무엇인가	에드워드 H. 카	김택현
다시 기자로 산다는 것	문정우	시사IN북
커뮤니케이션을 공부하는 당신을 위하여	임영호 외	커뮤니케이션북스
가짜 뉴스 시대에서 살아남기	류희림	글로세움
권력과 언론-기레기 저널리즘의 시대	박성제	미디어창비
권력 이동	앨빈 토플러	한국경제신문
뉴스의 시대	알랭 드 보통	문학동네
한국언론 바로보기 100년	송건호 외	다섯수레
10대와 통하는 미디어	손석춘	철수와 영희

💬 언론정보/신문방송학과 추천 동영상

EBS 입시 핫 라인(학과선택) - 신문방송학과

출처 : 유튜브(YouTube)

2020-1

진행중

호모링구아

| 상명대학교(천안)
2020/04/06 ~ 2020/07/19

2019-2학기

미디어는 메시지다

미디어 생태학

미디어 생태학 - 미디어는 메시지다 | 박용기 교수 |

종료(청강가능)

미디어는 메시지다. 미디어 생태학

박용기 | 숭실대학교
2019/11/11 ~ 2020/02/16

출처 : K-MOOC

척 플 런켓 | TEDxMileHigh

지역 뉴스가 죽으면 민주주의도 그렇습니다

795837 개 보기 · 11:11 · 6 개 언어의 자막

제라드 레일 | TEDS

파나마 신문 기자들이 역사상 가장 큰 유출을 일으킨 방법

1,078,976 전망 · 13:08 · 26 개 언어의 자막

트레버 팀 | TED2016

언론의 자유는 얼마나 자유롭습니까?

1,450,374 전망 · 5:04 · 39 개 언어의 자막

데이먼 브라운 | TED- 에드

뉴스를 선택하는 방법

604602 개 보기 · 4:32 · 27 개 언어의 자막

알리사 밀러 | TED2008

뉴스가 우리의 세계관을 왜곡하는 방법

2,187,889 전망 · 4:18 · 49 개 언어의 자막

줄리안 어 ang 지 | TEDGlobal 2010

세상에 위키 리크가 필요한 이유

2,719,848 전망 · **19:33** · 45 개 언어의 자막

에만 모하메드 | TED2014

숨겨진 이야기를 들려주는 용기

1,476,955 전망 · **4:12** · 40 개 언어의 자막

출처 : TED Talk

정보사회와 뉴미디어 ▶ 🎞

계명대학교 | 이상식 | 2017년 1학기

선진국들의 미디어 환경은 급속하게 변화한다. 최근 디지털 미디어와 콘텐츠 환경에서 기존 미디어 패러다임의 변화 방향에 대해 이해하고자 한다. 미디어 콘텐츠 산업의 변화와 디지털 미디어...

▤ 차시보기 | 🔾 강의담기

언론정보윤리와 법 🆎

한국외국어대학교 | 김민정 | 2016년 1학기

본 교과목은 표현의 자유, 언론의 자유의 법적 한계와 책임은 어디인지, 그리고 표현의 자유, 언론의 자유를 구가함에 있어 언론인들이 염두에 두어야 할 윤리적 제약과 책임에 대해 고찰....

▤ 차시보기 | 🔾 강의담기

신문과의 콘서트 🎞

부산외국어대학교 | 윤희각 | 2015년 1학기

종이신문 전반에 대한 개론적 수업 신문읽기에서 멀어지는 학생들을 위한 신문 기초 상식 습득 기회 제공 사설, 칼럼 등 미디어 활용 글쓰기 방법 제시

▤ 차시보기 | 🔾 강의담기

언론정보학 소개 ▶

COURSERA | Rutger Graaf

고대부터 학자들은 커뮤니케이션이 중요하다고 생각해왔습니다. 사회적 동물로서 우리는 커뮤니케이션을 하지 않고는 존재할 수 없습니다. 우리 주변 사람들과 소통을 해야하고, 세계를 이해하고...

▤ 차시보기 | 🔾 강의담기

출처 : KOCW

디지털미디어학을 위한 추천도서와 동영상

💬 추천도서

도서명	저자명	출판사
역사는 커뮤니케이션이다	소셜미디어연구포럼	미래인
소셜 미디어의 이해	강준만	인물과사상사
MT콘텐츠학	정창권	청어람장서가
대중문화의 이해	김창남	한울
문화콘텐츠 스토리텔링	정창권	북코리아
미디어아트-예술의 최전선	진중권	휴머니스트
세상을 바꾼 미디어	김경화|	다른
미디어학교:소통을 배우다	주형일	우리학교
피디란 무엇인가-현직 PD 42인이 전하는 PD매뉴얼	한국PD연합회	김영사

💬 디지털미디어학과 추천 동영상

EBS 입시 핫 라인(학과선택) – 미디어기술콘텐츠학과

출처 : 유튜브(YouTube)

영상처리와 패턴인식

이의철 | 상명대학교
2020/04/06 ~ 2020/07/19

콘텐츠 기획의 인문학

홍경수 | 순천향대학교
2020/03/02 ~ 2020/05/08

스토리텔링과 인공지능

홍진호 | 서울대학교
2020/03/31 ~ 2020/06/01

설득의 과학 I

소현진 | 성신여자대학교
2020/03/16 ~ 2020/05/10

트랜스미디어 스토리텔링

변혁 | 성균관대학교
2019/09/02 ~ 2019/10/20

1인 미디어와 크리에이터

남석현 | 서울디지털평생교육원
2020/01/22 ~ 2020/02/28

사진 이후의 사진

천경우 | 중앙대학교
2019/12/23 ~ 2020/02/09

디지털 사진의 이해와 활용

이필두 | 이화여자대학교
2020/03/02 ~ 2020/06/14

출처 : K-MOOC

마컴 놀란 | TEDSalon London Fall 2012
온라인에서 사실과 허구를 분리하는 방법
1,390,656 전망 · **13:29** · 26 개 언어의 자막

출처 : TED Talk

미디어와 기술 ▶

영남대학교 | 배현석 | 2019년 1학기

가장 강력한 매체로 각광받고 있는 방송 케이블 텔레비전 및 위성(DBS)의 기본 개념과 원리를 소개하고, 이들 미디어의 역사, 방송의 구조 및 기능 사회적 효과 등을 다룬다.

📖 **차시보기**   📄 **강의담기**

현대문화와 미디어 ▶

한국외국어대학교 | 강소영 | 2018년 2학기

미디어는 일상이자 생활의 한 부분이다. 이에 현대 사회와 문화 안에서 기술의 발전과 함께 어떤 미디어가 발전했는지 알아본다.

📖 **차시보기**   📄 **강의담기**

4차 산업혁명 시대, 영상 미디어로 소통하기 ▶

대구가톨릭대학교 | 권장원 | 2018년 1학기

4차 산업혁명 시대에서의 영상 미디어의 특성 및 영상 기반의 소통 전반에 걸친 기본적인 내용들에 대해 학습하고자 한다.

📖 **차시보기**   📄 **강의담기**

출처 : KOCW

게임미디어학을 위한 추천도서와 동영상

추천도서

도서명	저자명	출판사
게임 만드는 사람들의 리얼 수다	박민영	한빛미디어
게임 디자인을 위한 기초 이론	남기덕	에이콘출판
게임 개발자를 위한 물리	데이비드 버그 외	한빛미디어
튜링	앤드루 호지스	박정일

공대생도 모르는 재미있는 공학이야기	한화택	플루토
수학으로 시작하는 3D 게임 개발	양영욱	지앤선
게임 디자인 원론	Katie Salen	지코사이언스
GAME산업의 1 to 100	비피글로벌연구회	비피기술거래
프로그래머 수학으로 생각하라	유키 히로시	프리렉

💬 게임미디어학과 추천 동영상

EBS 입시 핫 라인(학과선택) – 컴퓨터공학과

출처 : 유튜브(YouTube)

데이빗 케이지 (David Cage) | TED2018

비디오 게임이 플레이어를 스토리 텔러로 바꾸는 방법

피터 몰리뉴 | TEDGlobal 2010

피터 몰리뉴가 '가상의 소년, 마일로'를 시연합니다

캐롤라인 코푸 (Karoliina Korppoo) | TED2017

비디오 게임이 더 나은 도시를 건설하는 데 어떻게 도움을 줄 수 있습니까?

에이미 그린 (Amy Green) | 테드 니

슬픔을 극복하기위한 비디오 게임

1,632,150 전망 · **10:34** · 27 개 언어의 자막

출처 : TED Talk

게임인공지능

| 세종대학교
2019/09/02 ~ 2019/12/15

21세기의 놀이하는 인간 : 컴퓨터게임 개론

| 경희대학교
2019/09/02 ~ 2019/12/06

소프트웨어와 창의적사고

이병걸 외 3명 | 서울여자대학교
2020/03/16 ~ 2020/06/19

HTML에서 웹앱까지

김균오 | 한동대학교
2020/03/02 ~ 2020/06/14

출처 : K-MOOC

비디오게임에 대한 이해 ▶

COURSERA | Leah Hackman 외 한 명

비디오 게임은 우리에게 즐거움과 정보를 주고 우리에게 도전과제를 주는 오락 시스템입니다. 이러한 게임들은 사회에 의해 정의되고, 게임이 사회를 정의하기도 합니다. 수강생들은 이번 강좌...

미래의 온라인게임을 어떻게 발명할 것인가 ▶

YouTube | Jane McGonigal

Jane McGonigal, Director of Game Research and Development at the Institute for the Future, explores th...

직업특강 게임기획자 이야기 AV

고려사이버대학교 | 김용회 | 2013년 1학기

노아시스템의 김용회 팀장을 통해서 게임프로그램이 개발되는 과정을 이야기 들으며 기획 디자인 프로그램 등 등 각 팀이 가지는 역할과 역할에 따른 팀마다의 특성을 알아본다. 더불...

게임과 디자인 ✦

백석대학교 | 최동섭 | 2011년 2학기

본 과정은 게임기획을 중심으로 사용자에게 최적의 경험을 제공해 주는 디지털 콘텐츠를 기획하는 방법론에 대해 학습한다.

출처 : KOCW

의료영상미디어학을 위한 추천도서와 동영상

💬 추천도서

도서명	저자명	출판사
당신이 생각조차 못 해 본 30년 후 의학이야기	윤경식	청아출판사
서민 교수의 의학 세계사	서민	생각정원
X–선 영상과학	나미오카 다케시 외	북스힐
병원이야기 통합보건교육	대구보건대학 통합보건교육팀	정담미디어

💬 의료영상미디어학과 추천 동영상

사잔 사이 니 (Sajan Saini) | TED- 에드
광학 기술이 의학을 바꾸는 방법-사잔 사이 니 (Sajan Saini)
360400 개 보기 · 5:07 · 18 개 언어의 자막

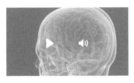

요 아브 메단 | 2011 년 TEDMED
Yoav Medan : 초음파 수술 — 상처가없는 치료법
845529 개 보기 · 16:13 · 31 개 언어의 자막

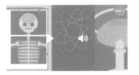

맷 안티 콜 | TED- 에드
방사선은 위험한가요?I 맷 안티 콜 (Matt Anticole)
1,324,505 전망 · 5:06 · 28 개 언어의 자막

잭 최 | TED2012
잭 최 : 가상 해부
1,026,872 전망 · 6:36 · 31 개 언어의 자막

출처 : TED Talk

포용적 사회를 위한 디지털헬 스케어

고상백 외 2명 | 연세대학교(미래)
2020/03/24 ~ 2020/05/18

출처 : K-MOOC

영상기기학 🖥

가천대학교 | 김성철 | 2013년 1학기

X선 발생의 가장 기본이 되는 의료용 방사선기기의 종류에 따른 기본원리를 알고, 또한 의료용 X선 장치
의 시대에 따른 발달 과정 및 현재 추구되고 있는 장치 시스템의 원리를 이해함으로...

📖 차시보기 | 📥 강의담기

자기공명영상학 및 실습 ▶

건양대학교 | 김용권 | 2012년 1학기

MRI의 원리, 다양한 영상획득 방법, MRI 임상에서의 부위별 영상 및 특징을 이해, 레포트 및 토론을 통하
여 이해도를 높인다

📖 차시보기 | 📥 강의담기

의료영상QC실습 ▶

신구대학교 | 강병삼 | 2017년 2학기

의료기관에서 필요한 실용중심의 정도관리 이론 및 실습교육을 통하여 방사선장비의 정도관리를 직접 수
행할 수 있는전문직업교육을 목표로 한다.

📖 차시보기 | 📥 강의담기

방사선기기학 ▶

부산가톨릭대학교 | 강세식 | 2014년 1학기

방사선 의료기기에 대한 기능적인 면과 전자기술에 대해 구체적으로 교육한다.

📖 차시보기 | 📥 강의담기

출처 : KOCW

광고홍보학을 위한 추천도서와 동영상

💬 추천도서

도서명	저자명	출판사
李팀장의 언론홍보노트–홍보 주니어를 위한 현장멘토링	이상헌	청년정신
뇌를 훔치는 사람들	데이비드 루이스	청림출판
광고천재 이제석–세계를 놀래킨 간판쟁이의 필살 아이디어	이제석	학고재
문화콘텐츠 스토리텔링	정창권	북코리아
설득의 실미학_사람의 마음을 사로잡는 6가지 불변의 법칙	로버트 치알디니	21세기북스
어느 광고인의 고백	데이비드 오길비	서해문집
인문학으로 광고하다	박웅현	알마
창의성이 없는 게 아니라 꺼내지 못하는 것입니다	김경일	샘터사

💬 광고홍보학과 추천 동영상

EBS 입시 핫 라인(학과선택) – 광고홍보학과

출처 : 유튜브(YouTube)

인간과 인공지능

인간 및 인간세계와 인공지능의 관계, 문학과 예술 분야에서 인공지능의 의미, 그리고 인문학 분야에서 인공지능이 어떻게 활용되고 있는지 학습할 수 있다.

스토리텔링과 인공지능

홍진호 | 서울대학교
2020/03/31 ~ 2020/06/01

여론조사의 이해

조지현 | 동신대학교
2019/09/09 ~ 2019/12/15

케이팝(K-pop) 문화의 이해

김수정 | 충남대학교
2020/03/02 ~ 2020/06/19

**한류(Hallyu) 한국 대중문화의
글로컬라이제이션**

원용진 | 서강대학교
2020/04/07 ~ 2020/07/21

출처 : K-MOOC

광고와 사회 ▶

COURSERA | William M. OBarr

이 강의는 광고의 기원, 광고의 탄생, 광고의 해석, 광고에서 묘사되는 인종, 계급, 성별, 그리고 섹슈얼리티, 성, 광고와 도덕, 그리고 광고의 미래를 포함하는 다양한 주제를 다루고...

▣ 차시보기 ▣ 강의담기

영상 커뮤니케이션 ▶

국민대학교 | 홍주현 | 2014년 1학기

이미지를 통해 커뮤니케이션하는 방식과 인간이 이미지와 시각적 커뮤니케이션의 다양한 형식을 해독하고 해석하는 방식을 공부하고, 영상 매체가 사회에 미치는 긍정적·부정적인 영향을 알아본...

▣ 차시보기 ▣ 강의담기

설득커뮤니케이션 AX

동명대학교 | 김동규 | 2013년 2학기

우수 강의 교원 공개 콘텐츠

▣ 차시보기 ▣ 강의담기

출처 : KOCW

부록

부록1.
비사범대 교직과정 개설대학

대학명	학과	대학명	학과
가톨릭대	국어국문, 철학, 국사학, 영어영문, 중국언어문화학, 일어일본문화학, 심리학, 사회학	서울대	국어국문, 중어중문, 영어영문, 불어불문, 독어독문, 노어노문, 서어서문, 국사학, 동양사학, 서양사학, 철학, 종교학, 외교학, 사회학, 지리학, 소비자아동학, 의류학
건국대	국어국문, 중어중문, 철학, 사학, 지리학, 정치외교학, 경제학, 행정학, 국제무역학, 경영학	서울여대	국어국문, 영어영문, 중어중문, 일어일문, 문헌정보, 아동학, 경영학
경희대	국어국문, 사학, 영어영문, 응용영어통번역, 스페인어학, 중국어학, 일본어학, 글로벌커뮤니케이션학, 경제학, 경영학, 식품영양학	성균관대	유학/동양학, 국어국문, 영어영문, 프랑스어문 중어중문 독어독문, 한문학, 러시아어문, 사학, 문헌정보, 행정학, 아동/청소년학, 경제학, 통계학, 경영학
고려대	국어국문, 철학, 심리학, 사회학, 한문학, 영어영문, 독어독문, 불어불문, 중어중문, 노어노문, 일어일문, 정치외교학, 경제학, 통계학, 행정학	성신여대	국어국문, 영어영문, 독일어문/문화, 프랑스어문/문화, 일본어문/문화, 중국어문/문화, 심리학, 지리학, 경영학
국민대	국어국문, 영어영문, 중국어문, 한국역사학, 행정학, 정치외교학, 교육학, 법학, 경제학, 국제통상학	세종대	국어국문, 영어영문, 일어일문, 교육, 역사, 행정, 경제통상, 경영학, 호텔관광경영
덕성여대	국어국문, 일어일문, 중어중문, 영어영문, 불어불문, 독어독문, 스페인어, 경영학, 문헌정보학, 심리학, 유아교육	숙명여대	한국어문학, 역사문화학, 프랑스언어/문화, 중어중문, 독일언어/문화, 일본학, 문헌정보학, 가족자원경영학, 아동복지학, 정치외교학, 경제학, 경영학, 영어영문학, 테슬
동국대	불교학, 국어국문, 영어영면, 중어중문, 철학, 사학, 법학, 정치외교학, 행정학, 경제학, 경영학	숭실대	국어국문, 영어영문, 독어독문, 불어불문, 중어중문, 일어일문, 철학, 사학, 경제학, 글로벌통상학, 경영학, 회계학

동덕여대	국어국문, 국사학, 영어, 일본어, 중어중국학, 아동학, 문헌정보학, 경영학, 국제경영학	연세대	국어국문, 중어중문, 영어영문, 독어독문, 불어불문, 노어노문, 사학, 철학, 문헌정보학, 심리학, 사회학, 아동가정학, 교육학
명지대	국어국문. 중어중문, 일어일문, 영어영문, 아랍지역학, 사학, 문헌정보학, 행정학, 아동학, 청소년지도학, 경영학, 국제통상학, 법학	이화여대	국어국문, 영어영문, 불어불문, 독어독문, 사학, 철학, 기독교학, 영어영문, 정치외교, 문헌정보, 사회학, 심리학, 경영, 의류산업학
삼육대	신학, 영어영문, 중국어학, 일본어학, 상담심리학	중앙대	국어국문, 영어영문, 독일어문, 러시아어문, 일본어문, 중국어문, 철학, 역사학, 심리학, 문헌정보학
서강대	국어국문, 사학, 철학, 종교학, 영미어문, 미국문화, 유럽문화, 중국문화, 심리학	한국외대	영어, 영미문학/문화, EICC, 프랑스어, 독일어, 스페인어, 노어, 아랍어, 베트남어, 중국언어문화, 중국외교통상학, 일본언어문화, 융합일본지역, 경영, 철학, 영어통번역, 독일어통번역, 스페인어통번역, 중국어통번역, 일본어통번역, 아랍어통번역, 프랑스어, 러시아아, 국제금융학
서울 시립대	행정학, 경영학, 영어영문학, 철학	한양대	국어국문, 중어중문, 영어영문, 사학, 관광학

부록2.
Global KOREA 한국어(교육)학과

Q 한국어학과와 국어국문학과는 어떤 차이점이 있나요?

A 기본적으로 언어학은 인간이 가진 언어의 원리를 연구하는 학문입니다. 그 가운데서도 글로벌 한류의 영향으로 한국어에 대한 관심과 위상은 날로 높아져 가고 있습니다. 한국어학과는 외국인에게 한국어 교육과 한국의 전통 및 문화에 대한 이해를 바탕으로 한국 언어와 문화를 세계에 알리는 전문가 양성에 교육목표를 두고 있습니다. 반면 이와 유사한 국어국문학과 는 한국 언어와 문학 교육을 통해 민족적 정체성을 확인하고 한국문학 세계화를 선도하는 전문가 양성에 교육목표를 두고 있습니다.

Q 주로 무엇을 배우게 되나요?

A 우리 한국말을 쉽게 가르칠 수 있는 방법을 배운다고 생각하면 됩니다. 자세한 학과목은 다음과 같습니다.

우리말과 글의 이해
언어학의 이론과 체계를 바탕으로 하여 현대 국어의 구조를 파악하고 기본 용어와 분석 방법을 배웁니다.

한국어 이해 교육법

한국어 듣기와 읽기의 이론적 기초, 지도법 및 보조 자료 작성과 활용에 대해 배웁니다.

한국어 표현 교육법

말하기와 쓰기의 이론적 기초, 지도법 및 보조 자료 작성과 활용에 대해 배웁니다.

한국어교육개론

외국어로서의 한국어 교육의 기본 개념과 특징에 대하여 배웁니다.

현대어이론

영어로 쓰인 국어학, 언어학 관계 문헌을 강독하게 하여 언어학적 기초 개념에 대한 확실한 이해를 돕고, 아울러 원서를 읽고 비판하는 능력을 배웁니다.

한국어학

국어학 연구를 위한 기초 지식을 학습하는 과목입니다. 언어와 국어의 관계 규명에서부터 출발하여 음성학, 음운론, 형태론, 통사론, 의미론, 방언론, 국어사 등 국어학의 모든 영역을 배웁니다.

Q 관련 학과가 개설된 대학교와 유사한 학과에 대해서도 소개해 주세요.

A 경희대 한국어학과, 국민대 글로벌한국어전공, 서강대 국제한국학전공, 숙명여대 한국어문학부, 연세대 한국어교육학과, 인하대 한국어문학과, 한양대에리카 한국언어문학과 등이 있습니다.

Q 한국어교육과와 국어교육과와 다른 점은 무엇인가요?

A 한국어교육과에서는 일반 국어교육과에서 배우는 중등 국어교육 과목이나 국어학, 국문학 과목 외에도, 외국인에게 한국어를 가르치는 데 필요한 지식과 교수법에 대한 과목들을 배웁니다. 일반 국어교육과에서 취득할 수 있는 중등 2급 정교사 자격증 외에도, 2급 한국어교원 자격증까지 취득할 수 있습니다.

Q 한국어학/한국어교육학과에 진학하려면 고등학교 재학 중 어떤 역량을 더 길러야 할까요?

A 글쓰기와 읽기를 비롯한 어문학 전반에 대한 공부와 문학작품과 다방면에 걸친 독서를 통해 문학적 감수성과 상상력이 필요하며, 국제화시대에 부응하여 자랑스러운 한글과 한국문학을 널리 알릴 수 있도록 외국어 능력도 우수한 학생이 이 일을 잘 할 것이라고 생각됩니다.

Q 이 학과에 도움이 되는 추천도서에 대해 알려주세요.

도서명	저자명	출판사
뉴욕의 한국어 선생님들	민병갑, 임세정	선학사
딸깍발이 선비의 일생	이희승	창작과비평사
국어학개설	이익섭	학연사
라틴어 수업	한동일	흐름출판
나는 한국어 교사입니다	구은희	참
문화 속 한국어1,2	전미순	랭기지플러스
한국의 언어문화	이미향, 나채근	소통
한국어, 문화를 말하다	조현용	하우
지속 가능한 발전의 시대	제프리 삭스	21세기북스

Q 졸업 후 진로는 어떻게 되나요?

A 연구 분야(한국 언어·문화 연구자, 한국어 교재 개발자, 비교문화학 연구자, 언어습득 이론 전문가 등), 교육 분야(외국인을 대상으로 하는 한국어교사, 국외 한국학 교수, 한국문화지도사, 한국어교육 정책/실무자, 세종학당 교원, 대학 및 초중등 한국어 강사 등), 통번역 분야, 관광 분야, 미디어 분야(한국 전통문화고증 전문가, 한국문화콘텐츠개발자, 등), 국제 경제·경영 분야(KOICA/KOTRA 현지 직원, 무역상사 주재원 등), 외교·국제행정 분야 등 다양한 곳에서 일할 수 있습니다.

Q 코이카는 우리나라 기업인을 위해 도움을 주는 곳으로 알고 있는데 한국어 강사를 파견하는 이유가 궁금해요.

A 코이카 해외봉사 파견 분야에는 한국어 교육과 태권도 문화 교육강사로 활동할 수 있습니다. 또한 한국국제봉사기구(KVO International)는 1998년에 볼리비아 활동을 시작으로, 2002년 UN 경제사회이사회(ECOSOC)의 특별 협의적 지위를 부여받아 종교와 이념을 넘어 국제협력 및 세계평화의 기여를 목적으로 복지, 구호, 교육 및 지역개발 사업을 실시하고 있습니다. 아프리카 에티오피아, 베트남 지역에서 활발하게 활동하고 있으며 한국어의 인기가 높아지면서 한국어 강사의 인기도 같이 높아져 보수도 많이 받고 있습니다.

Q 한국어학을 준비하는 학생들에게 한마디 해주세요.

A 한국의 역사 및 언어와 문화에 대한 자긍심과 해박한 관련지식을 겸비하고, 외국인들을 향해 항상 열려있고 배려하는 자세와 인성을 갖추어야 합니다. 한국어와 한국문화의 우수성을 알리는 것이 자칫 강요가 되어서는

안 되기 때문에 한국학을 배우는 학생에게는 타문화권의 사회, 역사 문화에 대해서도 개방적인 자세가 요구됩니다.

Q 어떤 학생에게 이 학과를 추천하고 싶은가요?

A 중·고등학교에서 이루어지는 국어교육에 평소 깊은 관심과 애정을 가져온 학생, 국내외 외국인에게 한국어와 한국문화를 올바로 알리고 가르치는 일에 관심을 가져온 학생, 한국어의 언어적 원리의 분석이나 습득에 흥미를 가진 학생, 문화콘텐츠 생산에 필요한 상상력을 계발하는 스토리텔링에 흥미가 있는 학생, 다문화 사회와 국제 한류를 이끌어갈 교사, 교수, 작가, 언론 분야에 관심을 가진 학생들에게 이 학과를 추천하고 싶습니다.

추천 체험활동 리스트

체험활동	내용
직업 체험의 날	인문 관련 직업인으로부터 여러 가지 사례를 통해 공학의 미래를 듣고 자신의 전공과 어떻게 연계시킬 수 있는지 고민한 후, 이를 알아보기 위한 자료를 탐구하여 기록할 수 있음
전문가 인터뷰	원하는 학과 교수나 직업 전문가와의 인터뷰를 통해 최근 연구되고 있는 것을 배우고 이를 이해하기 위한 노력과정을 기록할 수 있음
글로벌 리더십 캠프	리더십의 변천사와 리더의 역할에 대해 배우고 이공계 리더들의 성공사례를 조사하고 앞으로 벤처가 활성화되는 시대에서 필요한 역량을 조사하여 이를 기록할 수 있음
비전 캠프	진로설정에 대한 특강을 듣고 자신이 생각하는 진로와 그 로드맵에 대해 생각할 수 있는 기회가 됨
멘토링	집안이 어려운 아이들뿐만 아니라 수학, 과학을 어려워하는 친구들을 알려주면서 자신이 부족한 부분이 무엇인지, 이들에게 더 쉽게 설명하기 위해 원리를 명확히 알아야 함을 깨닫는 소중한 시간이 될 것임
대학교 전공체험	희망학과에서 실제로 배우는 과목을 대학생들과 함께 듣고 과제를 같이 해보며 대학교 수업에 대해 배울 수 있음
대학연계과제 R&E	수업시간과 동아리활동에서 배운 지식과 탐구활동에서 궁금한 점을 더 깊이 탐구하는 시간으로 친구들 또는 대학생들과 함께 연구하여 대학에 입학하여 배우게 될 연구방법과 자료정리, 활용방법에 대해 배울 수 있으며 탐구활동을 키우는 의미 있는 시간
문학관	여러 문학자의 문학관을 돌면서 그들의 문학관을 이해하고 문학에 대해서 알아보고 그분들의 발자취를 알아볼 수 있는 시간
다문화 박물관	자신이 관심 있어 하는 나라의 문화와 언어를 체험할 수 있는 기회를 제공하여 문화를 이해할 수 있는 시간

시·도 별 진로체험기관

➡ 서울·경기·인천 체험활동

연번	시도	기관명	프로그램 분야
1	서울	(사)청소년드림토피아	대학생들과 함께하는 학과체험, 진로진학교육
2	서울	산타마리아 (한국융합과학교육원)	4차 산업혁명시대 유망 직업체험교실
3	서울	국민어린이청소년도서관	청소년 진로 멘토링 특강
4	서울	시립강북청소년수련관	행복진로캠프(난 나의 FUN한 세이핑)
5	서울	남부청소년꿈키움센터	꿈을 향한 한 발짝! 진로체험교실
6	서울	광야의 태양 COMPANY 광태소극장	배우, 작가 감독 등 다양한 예술계열 직업 체험
7	서울	(주) 비상교육	현장직업체험 – 출판편집자(비상교육)
8	서울	(주) 능률교육	NE 능률 영자신문 편집국 견학
9	서울	한양여자대학교	항공객실승무원 체험
10	서울	우리옛돌박물관	큐레이터 체험
11	서울	한국방송광고진흥공사	직업진로체험 광고교실
12	서울	송파글마루도서관	아나운서에게 배우는 말하기 방법
13	서울	하이서울유스호스텔	호텔리어 직업체험활동
14	경기	유명산자연휴양림	미래를 꿈꿀 수 있는 계기를 만드는 프로그램
15	경기	한국교육방송공사	EBS 방송직업체험(방송작가, 성우, 아나운서체험)
16	경기	한국기술대학교 고동노동연수원	청소년고용노동교실, 진로캠프, 인권캠프
17	경기	아비온항공승무원학원	항공승무원 직업 체험
18	경기	김포시청	공무원 직업체험
19	경기	(주) 오즈하우스	만화가, 소셜 디자이너
20	경기	유한대학교	호텔관광전공 체험
21	경기	국제팝업북아트협회	팝업북 디자이너 실무체험 프로그램
22	경기	가톨릭대학교	인성함양, 자기주도학습법, 학과 주도 진로프로그램
23	경기	수정 청소년 수련관	진로탐색프로그램 '드림포트폴리오'

24	경기	창의진로연구원	트렌드 창업 캠프 프로그램
25	경기	서정대학교	여행 안내사 체험
26	경기	황순원 문학촌 소나기마을	황순원이 단편소설을 활용한 소설가 체험
27	경기	연세마음향기 상담센터	상담사 직업체험
28	경기	단국대학교 죽전캠퍼스	광고 기획 및 제작, 집행되는 과정을 간접 체험
29	경기	의왕도시공사	큐레이터 직업체험
30	경기	담다헌	김장문화체험, 떡케이크 만들기 체험
31	경기	의정부시청	역사문화체험투어 "우리 동네 학습여행"
32	경기	의정부 청소년 수련관	진로체험캠프
33	경기	의정부 영상미디어센터	아나운서, 성우, 기상캐스터 등 미디어 관련 직업
34	경기	서희청소년 문화센터	청소년진로콘서트 및 진로캠프
35	경기	(사)출판도시입주기업협의회	책과 출판 관련 진로탐색 기회 제공
36	경기	별난독서캠핑장	문학을 즐기는 방법, 좋은 작가가 되는 방법
37	경기	대한상공회의소 경기인력개발원	영상장비를 활용한 기상캐스터 체험
38	경기	경기도 평생교육원진흥원 체인지어캠퍼TM	글로벌 마인드(영어문화 진로체험)
39	경기	출판도시문화재단	다양한 도서 체험 및 지혜의 숲 공간을 탐장
40	경기	화성시청	화성시청 공무원 진로직업체험 '찾아라 워킹맨'
41	인천	중국어마을	중국문화, 중국진출 진로체험
42	인천	강화청소년문화의 집	진로특화 프로그램 직업스토리텔링
43	인천	경인여자대학교	학과 교육과정 안내 및 진로소개
44	인천	인하공업전문대학	항공객실승무원 체험교실
45	인천	(재)인천경제산업정보 테크노파크	실감나는 문화콘텐츠 체험
41	인천	중국어마을	중국문화, 중국진출 진로체험
42	인천	강화청소년문화의 집	진로특화 프로그램 직업스토리텔링
43	인천	경인여자대학교	학과 교육과정 안내 및 진로소개
44	인천	인하공업전문대학	항공객실승무원 체험교실
45	인천	(재)인천경제산업정보 테크노파크	실감나는 문화콘텐츠 체험

➡ 충북·충남·세종 체험활동

연번	시도	기관명	프로그램 분야
1	충북	단양군청소년상담복지센터	청소년상담사 진로체험
2	충북	충북도립대학	여러 가지 학과를 알아보고 경험 및 진로탐색
3	충북	충북대학교	사범대학 현장견학, 교육과정 탐방
4	충북	신미술관	미술관 에듀케이터 직업소개
5	충북	청주MBC	라디오 작가 진로직업체험
6	충남	당진시 청소년 상담복지	상담사 직업 체험
7	충남	충청남도 보령	관공서 직장 제험
8	충남	문화시설사업소	관광해설사 체험 프로그램
9	충남	국립해양생물자원관	청소년 진로심리검사, 진로유형별 진로탐색
10	충남	서산군 청소년 수련관	지역 특화 진로체험 프로그램
11	충남	선문대학교	관심 진로 및 학과 체험 프로그램
12	충남	(주) 엉클컴퍼니	청소년 소셜벤처 및 창업교육 등
13	충남	청운대학교	객실승무원 진로체험
14	대전	대덕구 법동 청소년문화의 집	청소년 진로 탐색 캠프, 진로상담
15	대전	한남대학교 중앙박물관	큐레이터 체험
16	대전	대전열린가정폭력상담소	상담사체험
17	대전	대전청소년위캔센터	직업체험관, 진로캠프 등 다양한 진로교육활동
18	대전	(재)대전문화재단 대전문학관	대전문학관 문학관 속 작가 만나기
19	대전	대전일보사	1일 기자체험프로그램
20	대전	한국창의인재육성개발단	방송인 등 다양한 직업 체험
21	대전	코세아 스튜어디스 학원	대전코세아 승무원 체험교실
22	대전	국가기록원 행정기록관	역사적 자산인 기록관리 등 국가기록원 업무체험
23	대전	시청자미디어재단 대전시청자미디어센터	아나운서, 기자 직업탐방, 뉴스제작과정 등 체험
24	대전	한밭대학교	두드림 독서활동

25	대전	대전 솔로몬로파크 (청소년비행예방센터)	모의국회, 모의법정 등을 통하여 법의 생성과 처벌
26	대전	밀알복지재단 대전충청지부	국제개발협력 전문가 진로 찾기
27	대전	(주) 계룡문고	청소년을 위한 진로탐색 및 진로체험
28	대전	한국족보박물관	족보 전문가, 박물관 큐레이터 직업 체험
29	세종	국립세종도서관	효과적인 이미지 전달을 위한 컬러캐릭터 제작
30	세종	교과서 박물관	박물관 길 위의 인문학
31	세종	한국영상대학교	영화(아이언맨) 특수효과 제작, 웹툰 창작 체험 등
32	세종	세종시 청소년 문화의 집	청소년 지도사 직업을 이해하고 모의 체험
33	세종	인사혁신처	공직의 역할 및 기능소개, 공무원이 되는 길

➡ 전북·전남 체험활동

연번	시도	기관명	프로그램 분야
1	전북	군산대학교 박물관	큐레이터 등 박물관 관련 직업 체험
2	전북	전주지방법원 군산지원	전주지방법원 군산지원 직업체험
3	전북	군산시청	군산시청 공무원 직업체험
4	전북	호원대학교	진로직업체험
5	전북	(유) 아리울명가 자연더하기	전통김치체험 및 한식요리체험
6	전북	서부지방산림청	숲 체험, 숲길체험 프로그램
7	전북	수지미술관	남원풍경 컬러링북, 한국화 전통부채 제작 체험
8	전북	백제예술대학교	꿈과 끼를 펼칠 수 있는 공연예술 직업의 세계
9	전북	우석대학교	43개 학과와 함께하는 너의 궁금증을 풀어봐!
10	전북	책공방북아트센터	사람 책과 함께하는 나만의 책 만들기 수업
11	전북	마한교육 문화회관	모의법정 체험
12	전북	인터넷방송 코마당뉴스	인터넷 1인방송 생방송 시연회 체험
13	전북	익산시청소년수련관	나에게도 꿈이 있어요 – 진로코칭
14	전북	산들강웅포마을	전통 떡체험, 블루베리 인절미, 블루베리 호떡
15	전북	라온 국악논술 스피치연구소	말로 하는 직업체험

16	전북	원광대학교	원대로 진로체험
17	전북	금강방송(주)	방송국견학을 통한 방송의 여러 분야의 진로탐색
18	전북	익산시청	전문직업인으로서의 공무원 체험 프로그램
19	전북	익산공공영상미디어센터	방송스탭체험
20	전북	박사골 체험관	농촌관광 관련 진로체험
21	전북	연향도예	진로예술 어울마당 – 천연염색체험
22	전북	임실군립도서관	사서가 들려주는 도서관 이야기
23	전북	임실군청	임실군청 공무원 직업체험
24	전북	전북대학교 박물관	나는 박물관 큐레이터다 진로체험
25	전북	한국도로공사 전북본부	청소년 교통안전 교육
26	전북	전주시민미디어센터	영상, 사진, 신문 등 다양한 미디어 관련 직업체험
27	전북	전주시청	아나운서와 함께하는 직업강연
28	전북	전주시 청소년 성문화센터	나를 찾아 떠나는 여행 자아 탐색 프로그램
29	전북	전라북도 선거관리 위원회	민주주의 선거교실
30	전북	사단법인 창의예술연구회	페이퍼디자이너 직업체험
31	전북	드림진로교육센터	진로특강, 리더십특강, 자기주도적 학습특강
32	전북	(유)맛디자인	내가 만든 김치체험
33	전남	(주)주간 강진신문사	기자체험
34	전남	곡성신문사	지방신문 가자의 하루 체험
35	전남	곡성군청	공무원 현장직업체험
36	전남	코레일관광개발 (주)강빛마을펜션	호텔리어 직업체험
37	전남	광양시청소년상담복지센터	청소년 상담사 체험
38	전남	(주) 액티브시니어	음료문화의 변화 탐구 및 창의적 차 만들기 체험
39	전남	광양시민신문	내 손으로 직접 써보는 기사
40	전남	서동용 법률사무소	법률사무소의 업무와 법조인이 되는 길 알아보기
41	전남	아이언포토스튜디오	사진촬영과 스튜디오 운영체험
42	전남	한국천연염색박물관	천연염색 체험
43	전남	백호문학관	나만의 전통 책 만들기 체험
44	전남	동신대학교	40개 이상의 다양한 학과 진로, 전공체험

45	전남	담양공공도서관	도서관체험, 도서관 사서 직업 체험
46	전남	담양교육지원청	교육 지원청 공무원 진로 직업 체험
47	전남	공예미술관보임쉔	전시기획자, 학예사 등 직업 체험
48	전남	김대중노벨평화상 기념관	창의력 개발 및 진로적성 강의
49	전남	목포고용노동지청 목포고용센터	직업심리검사실시, 직업카드 분류 검색
50	전남	케이잡스 전남지사	직업상담사 직업체험
51	전남	순천 청소년 꿈 키움센터	청소년사법체험, 법무부 보호직 공무원 알아보기
52	전남	장흥청태전영농조합법인 장흥다예원	청태전 만들기 체험 및 다도체험
53	전남	국립공원관리공단 월출산국립공원사무소	나는야, 국립공원 환경전문가(자연환경해설사)
54	전남	백양전통식품	전통식품 만들어보기
55	전남	국립공원관리공단 내장산백암사무소	국립공원 홍보 전문가 진로체험
56	전남	장서군청소년상담복지센터	전통놀이체험

➡ 광주 체험활동

연번	시도	기관명	프로그램 분야
1	광주	호남대학교	학과카드 활용한 면담 및 진로코칭
2	광주	광주문화나루	문화유산 방문교육 "함께 걷는 빛고을 문화유산"
3	광주	영산강문화관	문화관과 문화를 기획하는 사람들
4	광주	국립아시아문화전당	커리어러너_국립아시아문화전당 일일직업체험
5	광주	아시아문화원	전시문연계탐구, 펜으로 그리는 3D세상
6	광주	한국철도공사 광주역	열차 승무체험, 역무 매표 체험
7	광주	광주시민방송 광주FM	FM 라디오방송PD, DJ직업진로체험
8	광주	에듀플라잇승무원학원	항공사 객실 승무원 기내 업무 체험
9	광주	어세스타	심리검사를 제작해보고 검사 도구를 활용
10	광주	광주청소년꿈키움센터	법 교육, 모의법정, 진로탐색 1일 체험프로그램

➡ 제주도체험활동

연번	시도	기관명	프로그램 분야
1	제주	전통놀이문화지원협의회	전통놀이체험과 제주 전통문화체험
2	제주	사월의 꿩	제주 전통 음식 꿩엿이 무엇인지 알아보기
3	제주	에듀&힐링연구소	진로검사로 풀어가는 행복한 진로탐색
4	제주	사단법인 재능기부센터 꿈썸멘토	떡 공예, 펠트공예 등 다양한 체험 및 문화체험
5	제주	제주지방기상청	기상업무 이해 및 진로체험
6	제주	민속자연사박물관	학예사와 함께하는 역사기행교실
7	제주	제주대학교	학과 전공 소개 및 진로안내
8	제주	황우럭만화천국 사회적협동조합	만화, 웹툰, 캐리커처, 북아트 작가와 만남
9	제주	제주준법지원센터	법무부 제주준법지원센터 체험

➡ 강원도 체험활동

연번	시도	기관명	프로그램 분야
1	강원	강릉원주대학교	학과 체험형 프로그램
2	강원	경동대학교	승무원의 길 등 다양한 프로그램 운영
3	강원	동해문화원	문화원, 전통문화 체험
4	강원	한국공항공사양양지사	공항업무 직업체험
5	강원	호야지리박물관	큐레이터, 에듀케이터, 문화해설사 교육 및 강의
6	강원	KOICA 글로벌 인재 교육원	국제개발협력 전문가 진로교육, 세계시민교육
7	강원	영월 미디어 기자 박물관	기자가 하는 일과 기사작성, 뉴스사진 체험
8	강원	삼탄아트마인	자기성향분석을 통한 자신에게 적합한 진로 발굴
9	강원	전통발효식품협동조합	전통 발효 식품 만들기
10	강원	뽕이네 농촌교육농장	건강한 먹거리 슬로우 푸드 이야기를 중심
11	강원	강원 시청자미디어센터	뉴스체험

연번	시도	기관명	프로그램 분야
12	강원	강원관광대학교	호텔관광과 호텔리어 체험
13	강원	태백청소년수련관	자신과 타인의 특성에 대한 폭넓은 이해
14	강원	홍천군 청소년 수련관	진로교육 자기 찾기
15	강원	국립 평창 청소년 수련원	드림꾸러미 사업 영상 진로 캠프, 꿈 캠프

➡ 대구 체험활동

연번	시도	기관명	프로그램 분야
1	대구	(사) 한국청소년체험세상	자존감, 진로, 학습 코칭 프로그램
2	대구	대구남구청	진로직업체험
3	대구	대구교육대학교	전문직업인 직업안내 프로그램
4	대구	영남이공대학교	항공승무원, 카지노 딜러 체험
5	대구	워터웨이플러스 디아크문화관	다양한 진로체험프로그램 및 교육프로그램
6	대구	한국장학재단	찾아가는 두두림 스쿨
7	대구	대구준법지원센터	모의재판 프로그램 및 법무공무원 체험
8	대구	교육부 중앙교육연수원	진로교육 프로그램
9	대구	한지나라공예문화협회	손끝에 빛나는 나의 미래
10	대구	(주) 우리맘연구소	성격과 유형을 바탕으로 진로를 탐색
11	대구	나다움 에듀	감성, 인문, 체험, 진로 융합형 비전캠프
12	대구	용학도서관	도서관이용 교육 및 사서직무체험
13	대구	(주) 드림아카데미	자기주도학습에 대해 알아보고 자신의 꿈 찾기
14	대구	(주) 한국청소년 진로 개발원	진로 직업 창의 프로그램 운영
15	대구	(주) 행복한 교육 총연합회	진로 꿈 찾기 프로그램
16	대구	오르다 승무원 학원	항공승무원 진로직업 체험교실
17	대구	(주)앤씨인재개발교육원 (뉴코세아서비스교육학원)	항공승무원 진로체험

➡ 경상도 체험

연번	시도	기관명	프로그램 분야
1	경북	삼성현역사공원	잇츠미 학예사!
2	경북	영남대학교	YU teen teen UP 재미있는 창업교육
3	경북	경산신문방송미디어 협동조합	나도 팟캐스트다(인터뷰, 뉴스체험, 스튜디오 녹음)
4	경북	대구한의대학교	방송작가 아나운서 체험
5	경북	한국철도공사 대구본부 신경주역	안내방송 연습 및 체험, 승차권 발권 등
6	경북	경주대학교	학생별 희망직업 1일 체험
7	경북	대가야체험캠프	캠핑, 천연염색, 한방비누 만들기 체험
8	경북	가얏고마을	가야금 연주체험, 장명루, 미니 가야금 만들기
9	경북	사단법인 한국교육전문가협회	학생들의 꿈을 세부적으로 계획하고 찾는 활동
10	경북	경상북도 교육청 구미도서관	우리 독도 바로 알기
11	경북	군위군청소년문화의집	꿀잼 영어 회화, 두드려라 즐겨라 드럼 문화체험
12	경북	사단법인 한국기적의역사연구소	전통음식체험, 떡 만들기, 두부 만들기 등
13	경북	경상북도 청소년 수련원	유형별 직업인과의 만남 및 질의응답
14	경북	호텔 로제니아	호텔 실무위주의 교육
15	경북	문경시 청소년 문화의 집	찾아가는 웹툰 창작 체험관
16	경북	안동대학교	여러 분야 진로체험
17	경북	경북북부창직교육센터	현장직업체험, 나만의 미래직업 만들기
18	경북	주식회사 아이싱	청소년 진로체험 프로그램
19	경북	대구가정법원포항지원	법원견학프로그램
20	경북	포항교도소	보라미 준법교실
21	경남	함안박물관	박물관과 큐레이터 등
22	경남	거제도서관	도서관 사서업무 체험
23	경남	(유) 하나교육상담센터	배려와 존중을 배우는 게임, 이색 직업과 유망직업

24	경남	고성군청소년상담복지센터	진로탐색 프로그램 "꿈을 향한 내비게이션"
25	경남	김해도서관	하브루타 진로독서
26	경남	김해창업카페	창업가 육성을 위한 문제해결능력, 기업가 정신
27	경남	올라트예술학교	드라마, 방송음악, 뮤지컬 분야의 다양한 직업체험
28	경남	장유도서관	문화강좌 및 독서프로그램, 특성화 마음치유
29	경남	월봉서원	전통서예교실, 차와 함께하는 인성
30	경남	김해민속박물관	탁본 및 민속 문화 체험
31	경남	김해대학교	다양한 학과에서 맛보는 전공체험
32	경남	이음교육연구소 리더십코칭센터	성격검사, 인성리더십 프로그램 등 직업 찾기
33	경남	명당농원	선조들이 지혜 가득한 전통체험, 천연염색 등
34	경남	양산진로교육지원센터	미래직업을 탐색, 직업검색 역량강화 체험교육
35	경남	사단법인 연희공간천율	사물놀이, 모둠북, 난타 등 한국 국악기와 타악기
36	경남	창원지방법원 진주지원	법원견학 및 법관과의 대화
37	경남	창녕군 청소년 수련관	진로특강
38	경남	라온문화예술교육원	나만의 꿈 책
39	경남	지구시민운동연합 경남지부	환경, 평화, 문화다양성, 인권 등에 대해 공부

➡ 부산 체험활동

연번	시도	기관명	프로그램 분야
1	부산	동아대학교	문학과 함께하는 창작 기행
2	부산	금정구청	푸드 테라피, 플로리스트, 디자이너 체험
3	부산	기장향교	향교의 역사와 기능 알기
4	부산	동래구청	인도네시아 이야기 (강의&체험)
5	부산	(주)헤럴드아카데미	일본문화 스토리체험
6	부산	한국리드관광평생교육원	호텔리어, 카지노 딜러

7	부산	부산광역시 북구청	지역 청소년대상 도서관 교실운영, 독서 생활화
8	부산	법무부 부산 청소년 비행예방센터	법 체험
9	부산	북구진로교육지원센터	진로직업 탐색 및 체험의 날

➡️ 울산 체험활동

연번	시도	기관명	프로그램 분야
1	울산	(주)씨에스테크	자존감 향상 집단프로그램 혹은 직업체험
2	울산	울산중구청 청소년 진로직업체험센터	광고디자이너
3	울산	한국 시낭송 예술인협회	학교로 찾아가는 시낭송체험, 작가체험
4	울산	마을과 문화 네트워크 연구소 협동조합	전통시장에서 배우는 공예
5	울산	울산광역시교육청	교육청 공무원 진로직업체험
6	울산	서원스쿨요리전문학원	수제 피자 만들기, 우리음식 체험교실
7	울산	사회적경제개발원	소셜벤처기업 모의 창업과 발표, 창의력 향상
8	울산	남부권 – 울산해양박물관	직업체험 – 학예연구사
9	울산	선바위도서관	사서직업체험